आधुनिक युग में अधिकतर मनुष्यों की व्यस्त जीवन शैली है जिसके कारण वे अत्याधिक तनावपूर्ण जीवन व्यतीत करते हैं। इसलिए उनकी जीवन शैली बीमारियों की वजह बनती है इसलिए हमें अपने भोजन में तेल की मात्रा कम कर देनी चाहिए। इसका सबसे आसान और सरल तरीका है जीरो ऑयल। जीरो ऑयल से बने हुए व्यंजन स्वादिष्ट और स्वास्थ्यवर्धक हैं और इसी तरह सभी प्रकार की मिठाइयां भी बिना तेल के प्रयोग से बनाई जा सकती हैं जैसा कि इस किताब में विस्तारपूर्वक बताया गया है। आपको क्या चाहिए 'तेल' या 'स्वाद'?

जीरो ऑयल मिठाइयां

(Zero Oil Sweets Book)

डॉ. बिमल छाजेड़, एम.डी.

फ्यूजन बुक्स

ISBN : 81-288-0265-8

प्रकाशक

फ्यूजन बुक्स

X-30, ओखला इंडस्ट्रियल एरिया, फेज-II

नई दिल्ली-110020

फोन : 011-51611861-865

फैक्स : 011-51611866

ई-मेल : sales@diamondpublication.com

वेबसाइट : www.fusionbooks.com

संस्करण : 2026

Zero Oil Sweet Book
by Dr. Bimal Chhajer

भूमिका

यह भारतीय परम्परा है कि किसी भी खास अवसर पर चाहे वह विवाह का अवसर हो, जन्मदिन या कोई पूजा हो, मिठाई का प्रयोग अवश्य होता है। मिठाई भारतीय व्यंजन का अभिन्न अंग है। मिठाई के बिना भोजन अधूरा माना जाता है। जिस तरह शरीर को आत्मा से अलग नहीं किया जा सकता, उसी तरह हमारे देश में बगैर मिठाई के भोजन की कल्पना भी नहीं की जा सकती। उत्तर भारत में भोजन के उपरांत मीठा परोसने की परंपरा है, गुजरात में यह भोजन का आवश्यक अंग माना जाता है जबकि पश्चिम बंगाल में भोजन से पूर्व ही मीठा खाने व खिलाने का प्रचलन है।

भारत में विभिन्न समुदाय के लोगों के द्वारा विभिन्न अवसरों पर तरह-तरह की मिठाई बनाने का अपना-अपना अलग ही तरीका है। यही विभिन्नता विश्व समुदाय को अपनी ओर आकर्षित करती है। पर क्या किसी ने सोचा है कि इन मीठे व्यंजनों में क्या पदार्थ शामिल हैं तथा कैलोरी की कितनी मात्रा शामिल है? यही विभिन्न पदार्थ जैसे चीनी, दुग्ध पदार्थ, अन्न, तेल, घी तथा मेवे सभी मिलकर न केवल कैलोरी की मात्रा बढ़ाते हैं बल्कि शरीर में कोलेस्ट्रॉल भी उत्पन्न करते हैं। यह हम सभी जानते हैं कि घी तथा तेल मुख्य रूप से शरीर को नुकसान पहुंचाते हैं तो क्यों न बिना घी व तेल प्रयोग किए मिठाई तैयार करने की कोशिश की जाए। लेकिन सदियों से पड़ी पुरानी आदतों व रीति-रिवाजों को बदलना या छोड़ना बहुत मुश्किल प्रतीत होता है। मगर हमें मानवता व हृदय रोग से पीड़ित लोगों की खातिर कुछ तो ऐसा करना होगा जिससे मिठाई जनित बीमारियों को रोका जा सके। साओल ने जनमानस की जरूरतों व समस्याओं को ध्यान में रखते हुए यह पुस्तक प्रस्तुत की है जिसमें मिठाई बनाने की ऐसी 150 विधियों का उल्लेख किया है, जिनमें तेल के लिए कोई स्थान नहीं है। क्यों न स्वास्थ्यवर्द्धक भोजन का मजा लिया जाए।

सम्पादकीय

मिठाइयों में मूलतः घी, तेल एवं अन्य चर्बीदार पदार्थ शामिल होते हैं। ये ज्यादातर घी, तेल से बनाए जाते हैं, जैसे-गुलाब जामुन, जलेबी, इमर्ती, मालपुआ आदि। बहुत से मीठे पदार्थों में खोया, क्रीम, पनीर एवं घी का प्रयोग किया जाता है। भोजन के अन्त में खाए जाने वाले मीठे आहार भी क्रीम, मक्खन, मलाई, आईसक्रीम युक्त होते हैं। कई मिठाइयां या तो सूखे मेवे से बनती हैं या इन्हें अधिक मात्रा में शामिल किया जाता है। इन सूखे मेवों में 50 प्रतिशत के करीब चिकनाई होती है।

जाहिर है चर्बी युक्त मिठाई हृदय रोगियों के लिए वर्जित होती है अन्यथा दिल का दौरा पड़ने की संभावना प्रबल हो सकती है। इस पुस्तक का मुख्य उद्देश्य पाठकों को ऐसी जानकारी देना है जिससे बिना घी-तेल प्रयोग किए विभिन्न तरह की मिठाइयां बनाने में मदद मिल सके।

साओल ने अपने तीन दिन के हृदय संबंधित प्रोग्राम में हृदय रोगियों को विभिन्न तरह की चिकनाई रहित मिठाई पेश की। मिठाई बनाने के लिए प्रयुक्त विभिन्न विधियों को पुस्तकीय रूप देकर बाजार में लाने की कोशिश की गई है ताकि पाठक तथा हृदय रोगी लाभ उठाकर स्वस्थ जीवन जी सकें। साओल सदस्य रोजमर्रा के खान-पान के लिए ऐसी विधियों का प्रयोग कर रहे हैं जो हर लिहाज से स्वास्थ्यवर्द्धक व्यंजन बनाने में मददगार साबित होंगी। इस प्रकार कुल मिलाकर 500 से अधिक व्यंजन विधियां इजाद की गई हैं, जैसे कि नमकीन, पेय पदार्थ, चटनी, अनाज, कढ़ी, शोरबा इत्यादि। यह पुस्तक एक अतिरिक्त प्रयास है।

मैं साओल हृदय केन्द्र में कार्यरत सभी डायटिशियन, खासतौर पर स्मृति खन्ना का धन्यवाद करता हूं, साथ ही अन्य लोगों को धन्यवाद देता हूं जिनके अथक प्रयास एवं सहयोग से यह कार्य संपन्न हो सका है।

साओल की धारणा

साओल एक राजस्थानी (मारवाड़ी) शब्द है जिसका मतलब–कार्य को सही दिशा में बेहतर ढंग से करना है। साओल जीवन जीने की कला एवं विज्ञान है।

हम ह्रदय उपचार एवं देख-भाल के क्षेत्र में अग्रणी हैं। हमारा "साओल हार्ट प्रोग्राम" मेडिकल साईंस व जीवन जीने की कला का मिश्रण है। हमने अपना प्रोग्राम इतना सुविधाजनक बना दिया है कि कोई भी ह्रदय रोगी इसका आसानी से अभ्यास कर सकता है। इस प्रोग्राम में आधुनिक अंग्रेजी दवाइयों के साथ-साथ योग, आयुर्वेद, तनाव पर नियंत्रण को शामिल किया है। यह संयुक्त उपाय न केवल ह्रदय संबंधित बीमारियों को रोकता है बल्कि ह्रदय धमनियों में अवरोधों को भी खत्म करता है।

हमारा मुख्य उद्देश्य आत्मविश्वास की भावना का पोषण करना एवं रोगी को इस काबिल बनाना है कि वह अपनी आदतों पर स्वयं निगाह रख सके। स्वस्थ जीवन शैली अपनाने को अपना प्राथमिक कर्त्तव्य माने। व्यवहार में, साओल निम्नलिखित तरीके प्रयोग में लाता है-

- ❑ चिकित्सा संबंधी मूल्यांकन
- ❑ खतरों का मूल्यांकन
- ❑ शारीरिक क्षमता के अनुरूप व्यायाम
- ❑ व्यक्ति परक व्यायाम कार्यक्रम
- ❑ खतरा दूर करने में सहयोग एवं ज्ञान
- ❑ पथ्य नियम समझाना एवं परामर्श
- ❑ धूम्रपान त्यागना
- ❑ तनाव पर नियंत्रण
- ❑ योग
- ❑ ध्यान/चिन्तन

'साओल हार्ट प्रोग्राम' का विकास लेखक ने स्वयं किया है तथा पिछले सात

वर्षों से हृदय रोगियों का सफलता पूर्वक उपचार किया गया है। इस कार्यक्रम के अंतर्गत अब तक 5000 से भी अधिक रोगियों को हृदय धमनियों की बीमारी के चंगुल से मुक्त कराने में सफलता मिली है। हम अपना कैम्प देश के सभी बड़े शहरों में लगाते हैं। हमारे निम्नलिखित कार्यालय हैं :

मुख्य कार्यालय

दिल्ली

26235168, 26211908,

26283098

शाखा कार्यालय

कोलकाता

24641140, 27021244

चेन्नई

22260209, 22260935

मुम्बई

56995378, 28543088

बंगलौर

3462869, 3310856

हैदराबाद

23224084

रसना (जीभ) एवं मिठाई

क्या आपने कभी सोचा है कि हमारा मनपसंद व्यंजन हमें इतना स्वादिष्ट क्यों लगता है? ऐसा इसलिए होता है क्योंकि स्वाद की पहचान कराने वाली कोशिकाएं हमारी जीभ में तथा गले के पिछले भाग में होती है। ये कोशिकाएं काफी संवेदनशील होती हैं। यही स्वाद सम्बन्धी कोशिकाएं, मनपसंद भोजन लेने पर या जो व्यंजन हमें स्वादिष्ट लगता है लेने पर तीक्ष्ण उत्तेजना उत्पन्न करती हैं। जो हमें स्वाद का एहसास कराती हैं। हमारा शरीर हर दो सप्ताह में इन कोशिकाओं में बदलाव लाता है। विभिन्न तरह के स्वादों का एहसास कराने के लिए हमारी जीभ में अलग-अलग क्षेत्र प्रकृति की ओर से नियत किए गए हैं। जैसे-मीठे के स्वाद की उत्तेजना जीभ के ऊपरी भाग में अधिकतम होती है जबकि निचले भाग की ओर न्यूनतम होती है। इसके विपरीत कड़वे स्वाद का एहसास ऊपरी भाग पर न्यूनतम तथा निचले भाग पर अधिकतम होता है। जबकि नमकीन स्वाद का एहसास जीभ के सभी तरफ होता है। खट्टेपन का एहसास जीभ के दोनों किनारों की कोशिकाओं द्वारा होता है।

मीठे पदार्थों के प्रति आकर्षण सर्वव्यापी है। लेकिन भारतीयों का मीठे के प्रति कुछ विशेष ही लगाव है। अगर हम आज के संदर्भ में खाद्य संबंधी इस आदत पर निगाह डालें तो पाएंगे कि वर्ष 1986 की अपेक्षा आज हम 20 प्रतिशत अधिक चीनी का उपभोग कर रहे हैं। इसका मतलब यह है कि ये मीठे एवं डिब्बा बंद खाद्य पदार्थ एक तो स्वास्थ्यवर्धक भोजन को हाशिए पर ला रहे हैं दूसरे कैलोरी के संतुलन को बिगाड़ रहे हैं। जिस वजह से हमारे दांत, हड्डियां, शरीर के अंग तथा खासतौर पर हृदय सभी को नुकसान पहुंच रहा है।

मानसिक धारणा, मिठाई एवं स्वाद

हमारे लिए बिना मिठाई का भोजन अधूरेपन का अहसास लिए होता है। यह एक गलत धारणा है कि चर्बी रहित खाना, चाहे कितना भी चीनी युक्त हो, शरीर पर वजन नहीं बढ़ाता। जबकि लगभग सभी चीनी युक्त खाद्य पदार्थों में कैलोरी की अधिक मात्रा होती है। यही कैलोरी से भरपूर खाद्य पदार्थ शरीर में चर्बी की परतें बनाते हैं। प्रत्येक ग्राम चीनी में कैलोरी की मात्रा चार होती है तथा जिस तरह

की हमारी खाने की आदतें विकसित हैं चीनी किसी न किसी रूप में प्रयोग में अवश्य लाई जाती है। खाने में कैलोरी की मात्रा कम करने से शरीर में वजन कम करने में सहायता मिलती है साथ ही संबंधित बीमारियों से भी छुटकारा मिलता है। मुख्य रूप से समझने की बात यह है कि स्वाद केवल एक बोध मात्र है जिसे हमारी जीभ स्वाद संबंधी कोशिकाओं की मदद से एहसास कराती है। लम्बे समय से विकसित आदतें हमारे दिमाग में घर कर जाती हैं तथा हमारा अवचेतन मन ऐसे स्वाद की कल्पना ही नहीं कर पाता जो बिना घी-तेल, मक्खन आदि से बने खाद्य पदार्थों से मिला हो। यह अवचेतन मानसिक स्थिति ही है जो किसी भी बार-बार की आदत के प्रति धारणा विकसित कर लेती है। अगर हम अपने खान-पान में ऐसे खाद्य पदार्थों को शामिल करें जो घी, तेल, चीनी, चर्बी रहित हों तो हमारी आदत उसी तरह से विकसित हो जाएगी।

इस किताब के द्वारा हमारी यह कोशिश है कि आपको मीठे पेय पदार्थ, मिठाई, भोजनोपरांत खाए जाने वाले मीठे खाद्य पदार्थों के लिए, ऐसी व्यंजन विधि उपलब्ध कराएं जो घी, तेल रहित हो तथा आपको उतना ही हमेशा की तरह स्वादिष्ट लगे। इसके लिए आपको सिर्फ इतना करना है कि अपनी मानसिक धारणा को बदलें।

साधारण एवं पेचीदा कार्बोहाइड्रेट (वसा)

कार्बोहाइड्रेट का मुख्य कार्य शरीर को ऊर्जा प्रदान करना है। शरीर स्टार्च तथा मिठाई को विभिन्न टुकड़ों में नष्ट कर ग्लूकोज में तब्दील कर देता है जिसे शरीर ऊर्जा के रूप में इस्तेमाल करता है। कार्बोहाइड्रेट को दो भागों में बांटा जा सकता है–साधारण एवं पेचीदा।

साधारण कार्बोहाइड्रेट में ग्लूकोज इकाइयां एक सीधी चेन में जुड़ जाती हैं। क्योंकि ये साधारण कार्बोहाइड्रेट की चेन ग्लूकोज में तब्दील होकर रक्त में समाहित हो जाते हैं जो रक्त में ग्लूकोज की मात्रा बढ़ाते हैं। उदाहरण के तौर पर चीनी, मिठाई, शहद, गुड़, फल तथा पेय पदार्थों से शरीर को ग्लूकोज अधिक मात्रा में मिलता है।

दूसरी तरह के कार्बोहाइड्रेट में ग्लूकोज इकाइयां पेचीदा रूप में जुड़ी होती हैं तथा आसानी से खुलती या टूटती नहीं। इसकी प्रक्रिया बहुत मंद है तथा रक्त में ग्लूकोज की मात्रा तेजी से नहीं बढ़ाती है। जैसे–चपाती, चावल, अनाज, सब्जी आदि में ग्लूकोज अप्रत्यक्ष रूप में मौजूद होता है।

इसलिए ऐसे लोगों को जिनके रक्त में पहले से ही ग्लूकोज की मात्रा अधिक

है उन्हें पेचीदा (complex) कार्बोहाइड्रेट लेने चाहिए तथा साधारण कार्बोहाइड्रेट से बचना चाहिए। जबकि अन्य लोग किसी भी तरह का कार्बोहाइड्रेट ले सकते हैं।

कार्बोहाइड्रेट साधारण है या पेचीदा इसकी पहचान करने के लिए किसी को किसी प्रयोगशाला में जाने की जरूरत नहीं है। बल्कि रसना (जीभ) की सहायता से तुरंत पता किया जा सकता है। अगर किसी पदार्थ को जीभ पर रखते ही तुरंत मीठेपन का एहसास हो तो समझना चाहिए कि साधारण श्रेणी का कार्बोहाइड्रेट है अन्यथा पेचीदा।

दूध में चर्बी तत्त्व को कैसे न्यूनतम करें?

100 मि.ली. सम्पूर्ण दूध प्रयोग करने से 70 कैलोरी मिलती है इनमें से आधी कैलोरी चर्बी (स्थूल) रूप में होती हैं। दूध के इस चर्बी तत्त्व को विदोहन करके अलग किया जा सकता है। इस प्रक्रिया से दूध में से चर्बी तत्त्व को अलग कर दिया जाता है। इसके अलावा एक और तरीका भी है। जब दूध को खूब उबाल लिया जाता है तो कुछ देर बाद उस पर मलाई की परत जम जाती है जिसे अगर निकाल कर अलग कर दिया जाए तो चर्बी रहित दूध रह जाता है। लेकिन इस विधि को व्यावसायिक स्तर पर उपयोग नहीं किया जा सकता। बड़े स्तर पर करने के लिए एक अलग बड़े बर्तन में दूध रखकर एक मशीन द्वारा दूध का विदोहन किया जाता है। विदोहन प्रक्रिया के कारण चर्बी युक्त पदार्थ जैसे क्रीम, मक्खन अलग हो जाते हैं। तदोपरांत स्किम्ड दूध (मलाई उतारा हुआ) प्राप्त हो जाता है। चर्बी युक्त पदार्थों का अलग होना इस बात पर निर्भर करता है कि कितने स्तर पर विदोहन किया गया है। स्किम्ड दूध अपेक्षित मात्रा तक चर्बी तत्व मुक्त होता है। यह वैज्ञानिक सत्य है कि चर्बी रहित खाद्य पदार्थ लेने से हृदय संबंधी बीमारियों का खतरा टल जाता है। एक कप संपूर्ण मलाई युक्त दूध में 26 प्रतिशत चर्बी तत्त्व होता है जबकि स्किम्ड दूध में यह मात्रा नगण्य होती है। इसलिए संपूर्ण दूध को त्याग कर चर्बी रहित दूध का इस्तेमाल करने में ही अक्लमंदी है तथा वह स्वास्थ्यवर्द्धक भोजन अपनाने की दिशा में प्रथम कदम है।

प्रकार	*कैलोरी प्रति 100 मि.ली.*	*चर्बी (%)*
संपूर्ण दूध	70	3.9
अर्द्ध स्किम्ड दूध	50	1.6
स्किम्ड दूध	35	0.1

तेल एवं उनकी संरचना

साधारणतया वसा भोजन में होते हुए भी दिखाई नहीं देता। दिखाई देने वाले हमें घी, मक्खन, खाने के तेल, सलाद वाले तेल आदि से प्राप्त होते हैं। घी जो ऊंचे तापमान पर पिघलते हैं और सामान्य तापमान पर ठोस रहते हैं वे वसा कहलाते हैं। इसके विपरीत जो सामान्य तापक्रम पर भी द्रव्य अवस्था में रहते हैं वे तेल कहलाते हैं।

वसा युक्त पदार्थ ऊर्जा के सघन स्रोत होते हैं। ये आसानी से अमाशय से नहीं निकलते, परिणामस्वरूप कब्ज की स्थिति पैदा कर देते हैं। (एक ग्राम वसा में 9 कैलोरी होती हैं।)

हर प्रकार की वसा में विभिन्न अनुपात में तीन प्रकार की चीजें होती हैं, जैसे- संतृप्त वसा, एक प्रकार का असंतृप्त वसा तथा विभिन्न प्रकार का असंतृप्त वसा।

बहुत से लोगों का यह मानना है कि जैतून का तेल या सूरजमुखी तेल भोजन में इस्तेमाल करने से कोलेस्ट्रॉल की मात्रा कम हो जाती है। यह सर्वथा सत्य नहीं है। भोजन में चाहे कोई भी तेल प्रयोग किया जाए कोलेस्ट्रॉल अवश्य बढ़ाएगा।

इसका कारण यह है कि अन्य तेलों की अपेक्षा कुछ तेलों में संतृप्त वसा का अनुपात ऊंचा होता है तथा सभी तेलों में कुछ न कुछ वसा अवश्य होती है इसलिए जितना ज्यादा तेल खाने में प्रयोग किया जाएगा वसा शरीर को अवश्य प्रभावित करेगा। ऐसा भोजन या अन्य प्रकार का खाना जिसमें वसा युक्त पदार्थ ज्यादा होते हैं मोटापा तथा कब्ज पैदा करता है तथा जरूरी पौष्टिक पदार्थों को आसानी से ग्रहण नहीं करने देता। लिहाजा हृदय संबंधी रोग पनपने की संभावना पैदा हो जाती है। संतृप्त वसा में रक्त को गाढ़ा या मोटा करने की क्षमता होती है, जिससे वसा की धमनियों में जमावट हो जाती है।

कुछ खाद्य पदार्थों में अधिक मात्रा में संतृप्त वसा छिपी होती हैं इसलिए ऐसे पदार्थों के इस्तेमाल से जहां तक संभव हो बचना चाहिए। जैसे क्रीम युक्त दूध, अंडा, मीट, मछली, पनीर। हमारे रहन-सहन तथा खाने की आदतें काफी हद तक हृदय संबंधी रोगों को बढ़ावा देने में सहायक होती है।

हालांकि कुछ मात्रा में कोलेस्ट्रॉल एक स्वस्थ शरीर के लिए आवश्यक होता है क्योंकि यह रक्त संचालन करता है। यह तन्तुओं में, यकृत में, गुर्दों में, मस्तिष्क तथा मां के दूध में पाया जाता है। लेकिन इसकी अधिकता जोखिमपूर्ण हो जाती है। कोलेस्ट्रॉल की मात्रा अधिक होते ही रक्त में वसा को बढ़ा देती है। स्वस्थ तथा ताकतवर शरीर में भी ये सभी लक्षण हो सकते हैं। वसा धमनियों को सिकोड़ देता है जिससे वे अन्दर चिपक जाती हैं। परिणामस्वरूप अति तनाव, चिंता, हृदय का काम करना बंद कर देना आदि का खतरा हो जाता है। इसलिए हृदय संबंधी रोगों से बचने के लिए सभी प्रकार की वसाओं तथा मांस का त्याग कर देना चाहिए।

तेलों की संरचना तथा वसा की मात्रा

तेल	*संतृप्त*	*एकल संतृप्त*	*बहु संतृप्त*
कपास का तेल	91	8	1
कपास के बीज का तेल	34	26	40
मूंगफली का तेल	20	54	26
सरसों का तेल	6	73	21
ताड़ का तेल	80	13	7
नारंगी पुष्प तेल	11	13	76
तिल का तेल	14	46	40
सोयाबीन का तेल	15	25	60
सूर्यमुखी का तेल	8	34	58
मक्का का तेल	17	25	58
जैतून तेल	1.8	98	1.2
नारियल का तेल	90	8.0	2.0
वनस्पति तेल	76	19	5

दूध

दूध ही एक ऐसा खाद्य पदार्थ है जिसका कोई और पदार्थ स्थान नहीं ले सकता। इसमें सभी मुख्य पौष्टिक पदार्थ शामिल है जिस वजह से यह संपूर्ण भोजन कहलाता है। दुग्ध प्रोटीन अच्छी क्वालिटी का माना जाता है। यह दो प्रकार के अमीनो-एसिड से परिपूर्ण होता है जो अनाज तथा दालों में नहीं पाए जाते। इस प्रकार के प्रोटीन का शाकाहारी भोजन में एक महत्वपूर्ण स्थान है।

हालांकि दूध में विटामिन-सी, लोहा तथा तांबा नहीं होता, लेकिन कैल्सियम, फासफोरस प्रचुर मात्रा में पाए जाते हैं, इसके अलावा मुख्य खनिज, विटामिन-ए, बी तथा डी भी अच्छी मात्रा में पाए जाते हैं। दूध में 'लेसिथिन' भी पाया जाता है जो विकास तथा फैट्स पचाने में मदद करता है।

दूध स्वास्थ्य के लिए परम आवश्यक है। इस दावे के बावजूद बहुत से लोगों में दूध के प्रति कम या ज्यादा उदासीनता देखने को मिलती है। इसका कारण यह है कि इसमें पाचक रस 'लैक्टस' नहीं पाया जाता जो विभिन्न पदार्थों के चयापचय करने में सहायक होता है।

दूध बहुत से मीठे पदार्थ तथा मिठाईयों का मूल आधार है। जैसे दही, आइसक्रीम इत्यादि। यह सब्जियों तथा ब्रैड बनाने में भी इस्तेमाल होता है। दूध एक क्षार युक्त खाद्य पदार्थ है। जो शरीर में अम्लता तथा पेट के अल्सर के लिए अनुकूल स्थितियां पैदा करता है। यह मानसिक तृप्ति को भी प्रभावित करता है।

आहार की समयोपियोगिता कैसे बढ़ाएं

फल एवं सब्जियां जल्दी खराब होने वाला आहार है तथा जिस मौसम में ये पैदा होती हैं वह थोड़े समय के लिए होता है। ये जल्दी ही खराब हो जाती है। इस प्रकार इस तरह का आहार उपयुक्त मौसम में ही खरीदना चाहिए। इस दौरान इनकी पौष्टिकता भी उच्च कोटि की होती है। इन्हें खराब होने व सड़ने से बचाने के लिए तथा इनकी उपयोगिता लम्बे समय तक बनाए रखने के लिए इनको बेहतर तरीके अपनाकर संभालकर रखने की आवश्यकता होती है। इससे हमारे व्यंजनों को विभिन्नता मिल जाती है। हजारों सालों से मनुष्य आहार को खराब होने से बचाने की कोशिश करता रहा है। उसकी इसी कोशिश ने आहार के सड़ने की प्रक्रिया को कम किया है। परिणामस्वरूप उपयोगिता में बढ़ोतरी हुई है।

दूध	आर्द्रता (ग्राम)	ऊर्जा (ग्राम)	प्रोटीन (ग्राम)	वसा (ग्राम)	सीएचओ (ग्राम)	कैल्शियम (ग्राम)	फासफोरस (ग्राम)	लोहा (ग्राम)	कैरोटीन (ग्राम)	थाईमीन (ग्राम)	रिबो-फ्लावीन (ग्राम)	नायसीन (ग्राम)
मां का दूध	88.0	65	1.1	3.4	7.4	28	11	–	137	0.02	0.02	–
भैंस का दूध	81.0	117	4.3	6.5	5.0	210	130	0.2	160	0.04	0.10	0.1
खोया	306	421	14.6	31.2	20.5	650	420	5.8	497	0.23	0.41	0.4
गाय का दूध	87.5	67	3.2	4.1	4.4	120	90	0.2	174	0.05	0.19	0.1
दही	89.1	60	3.1	4.0	3.0	149	93	0.2	102	0.05	0.16	0.1
छैना	57.1	265	18.3	20.8	1.2	208	138	–	366	0.07	0.02	–
पनीर	40.3	348	24.1	25.1	6.3	790	520	2.1	273	–	–	–
स्किम्ड मिल्क पाउडर	4.1	357	38.0	0.1	41.0	1370	1000	1.4	0	0.45	1.64	1.0
संपूर्ण दूध पाउडर	3.5	496	25.8	26.7	38.0	950	730	0.6	1400	0.31	1.36	0.8

आहार की रक्षा करने में विभिन्न दशाओं को अनुकूल बनाना शामिल है जैसे आर्द्रता, जरूरी तापमान, आवश्यकतानुसार पी.एच.। ये सभी मिलकर उन जीवाणुओं को दूर रखते हैं जो आहार को खराब करते हैं। आहार को बचा कर रखने के लिए इन तरीकों के अलावा व्यक्तिगत स्वच्छता तथा रसोई की साफ-सफाई भी आवश्यक है।

घरेलू तरीकों में विभिन्न पदार्थों जैसे नमक, चीनी को, मसालों को तथा सुखाने एवं जमाने के तरीके शामिल हैं।

आहार का शेल्फ जीवन सामान्यतया ऐसा समय होता है जिस दौरान खाद्य पदार्थों की गुणवत्ता व पौष्टिकता को बनाये रखा जाता है। आहार की समयोपियोगिता को दो प्रकार से समझा जा सकता है। प्रथम आहार की पौष्टिकता का समय जब वह संग्रह किया जाता है। दूसरा जब संग्रह किए हुए आहार के रूप-रंग तथा स्वाद में आवश्यक बदलाव किए जाते हैं। फल एवं सब्जियां घर में ही विभिन्न तरीके अपना कर बचा कर रखी जा सकती है, जैसे–जैम, जैली, मुरब्बा, स्क्वैश, सीरप बनाकर तथा सुखाकर एवं रेफ्रिजरेट करके।

आहार को बचा कर रखने के लिए विभिन्न तरीकों को अपनाने के पीछे यह उद्देश्य है कि उसे सड़ने एवं खराब होने से बचाया जाए। इसमें सफलता, जरूरत के हिसाब से ठंडा या गर्म करके, सुखा के या आवश्यक मात्रा में कैमिकल मिलाकर मिलती है। किसी जमाने में नमक इस्तेमाल करने का चलन अधिक था तथा उस समय आहार बचाने के लिए बर्फ प्रयोग में लाने का ज्ञान भी लोगों को था।

रेफ्रिजरेट करके बचाव : आहार की समयोपियोगिता का सीधा सम्बन्ध सूक्ष्म जीव के विकास से है। अगर आहार अच्छी किस्म का है तो कम तापमान में रखकर आहार को खराब होने से बचाया जा सकता है। आहार पर जीवाणुओं का विपरीत प्रभाव पड़ता है इस कारण रेफ्रिजरेट करने से पहले इन जीवाणुओं को नष्ट करने के लिए आहार को ऊंचे तापमान पर अच्छी तरह गर्म या उबाला जाता है।

रेफ्रिजरेट करने की विभिन्न प्रक्रियाएं

सामान्य रेफ्रिजरेट करने के लिए आहार को 4^0 सेंटीग्रेट से 29^0 सेंटीग्रेट तापमान पर 3 से 72 घंटे तक रखा जाता है।

तुरंत रेफ्रिजरेट करना : इस प्रक्रिया में न्यूनतम तापमान (-32^0 सेंटीग्रेट से 40^0 सेंटीग्रेट) पर आहार को रखा जाता है, समय अंतराल भी कम हो जाता है। सलाद को फ्रिज में नहीं रखा जा सकता है क्योंकि इस प्रक्रिया में इसकी नमी तथा ताजगी खत्म हो जाती है। अन्य सब्जियों को उचित तापमान पर रखने से जीवाणु शक्तिहीन हो जाते हैं जिससे सब्जियों की लम्बे समय तक उपयोगिता बनी रहती है।

फलों के मामले में यदि इनके इस्तेमाल में संतुलन नहीं रखा गया तो इनका स्वाद अधिक पका हुआ महसूस होता है।

जहां तक इनकी पौष्टिकता का संबंध है केवल पानी में घुलनशील विटामिन ही नष्ट होते हैं।

गर्म तापमान द्वारा बचाव : गर्म तापमान द्वारा आहार को बचाने के लिए आहार को 100^0 सेंटीग्रेट से ऊपर तापमान पर मुख्यतया 121^0 सेंटीग्रेट तापमान पर 15 मिनट के आस-पास गर्म किया जाता है। इसके लिए प्रेशर कुकर की सहायता ली जाती है। ज्यादातर बैक्टीरिया 16^0-38^0 सेंटीग्रेट या 66^0-82^0 सेंटीग्रेट तापमान पर विकसित होते हैं या नष्ट होने से रह जाते हैं। इससे अधिक तापमान पर ये पूर्णतया नष्ट हो जाते हैं। यह प्रक्रिया स्टरलाईजेशन कहलाती है।

लेकिन इस प्रक्रिया का आहार की पौष्टिकता पर विपरीत प्रभाव भी पड़ता है। इसलिए संतुलन रखना बहुत जरूरी है। हर खाद्य पदार्थ की प्रकृति, उपयोगिता, आकार आदि भिन्न-भिन्न है। इन बातों को ध्यान में रखते हुए ही गर्म तापमान के इस्तेमाल में संतुलन रखना ज़रूरी है। नहीं तो आहार की उपयोगिता नष्ट हो जाएगी।

डिब्बा बंद प्रक्रिया : इस प्रक्रिया में आहार को सील बंद डिब्बे या टीन में रखा जाता है। इसके लिए पहले आहार को गर्म किया जाता है फिर ठंडा करके वैक्यूम किया जाता है और डिब्बों को सील बंद कर दिया जाता है। जिससे आहार को नष्ट करने वाली हवा तथा गैस डिब्बे में प्रवेश नहीं कर पातीं।

साधारणतया टीन के डिब्बे का इस्तेमाल आहार की उपयोगिता बनाए रखने के लिए किया जाता है। क्योंकि टीन का डिब्बा कम तापमान में भी आवश्यक रूप में गर्म हो जाता है। इसलिए कम समय में ही प्रक्रिया पूरी कर ली जाती है जिससे आहार की किस्म उत्कृष्ट हो जाती है। गर्म करने से पहले आहार को साफ किया जाता है फिर संतुलित तापमान के द्वारा बैक्टीरिया को नष्ट किया जाता है। जिसके बाद आहार को सिरप के रूप में डिब्बे में डाल दिया जाता है। गर्म करने तथा आहार रखने से पहले टीन के डिब्बे को ठंडा कर लिया जाता है। ज्यादातर फल एवं सब्जियों के सूप, मुरब्बे, सीरप आदि को ही सील बंद किया जाता है।

21^0 सेंटीग्रेट तापमान या इसके ऊपर अवस्था में फलों या सब्जियों को स्टोर करने से उनकी पौष्टिकता खत्म होती है। इसलिए पौष्टिकता बनाए रखने के लिए 13^0-21^0 सेंटीग्रेट तापमान पर स्टोर करना चाहिए।

मिठाइयों की सजावट : मिठाईयां बनाने में मुनक्का, किशमिश, खजूर, चेरी, दही, केसर आदि इस्तेमाल करना चाहिए। कृपया पिस्ता, काजू, बादाम का इस्तेमाल न करें क्योंकि इनमें चिकनाई या तेल होता है।

अनुक्रमणिका

दूध आधारित मिठाइयां

शक्कर (गुड़) आधारित मिठाइयां

विविध मिठाइयां

मीठे पेय

दूध आधारित मिठाइयां

मखाने की खीर

सामग्री

दूध	– 750 मिली लीटर
मखाने	– 25 ग्राम
चीनी	– 75 ग्राम
केवड़ा/केसर के अर्क की कुछ बूंदें	

विधि

1. मखानों को गर्म कढ़ाई में 2 मिनट तक भूनें।
2. चीनी तथा दूध मिलाकर धीमी आंच पर पकाएं जब तक चीनी पूरी तरह घुल न जाएं। तत्पश्चात इसमें मखाने डालें और लगातार चलाते रहें जब तक मिश्रण गाढ़ा न हो जाए। केसर/केवड़ा डालें।
3. ठंडा हो जाने पर चांदी के वर्क से ढकें तथा परोस दें।

सेवियों की खीर

सामग्री

दूध	– 750 मिली लीटर
सेवियां	– 30 ग्राम
चीनी	– 60 ग्राम
इलायची पाउडर	– 1 चाय चम्मच
केवड़े अर्क की कुछ बूंदें	

विधि

1. गर्म कड़ाही में सेवियां हल्की आंच पर भूनें तथा उतार लें।
2. दूध तथा चीनी मिलाकर गर्म करें जब तक चीनी घुल न जाएं। फिर उसमें सेवियां डाल दें। मिश्रण को तब तक हिलाएं जब तक यह गाढ़ा न हो जाए।
3. इसमें इलायची पाउडर तथा केवड़ा अर्क मिलाएं और आंच से उतार लें।
4. गर्म या ठण्डी जैसे चाहें खाएं।

चावल की खीर

सामग्री

चावल	– 30 ग्राम
सपरेटा दूध	– 750 मिली लीटर
पानी	– 1½ कप
चीनी	– 45 ग्राम
इलायची	– 2–3
किशमिश	– 4–5

विधि

1. घोने के बाद चावलों को आधे घंटे तक भिगोए रखें।
2. इसी पानी में चावलों को गल जाने तक उबालें।
3. दूध मिलाकर 15–20 मिनट तक कम आंच पर पकाएं तथा जल्दी–जल्दी चलाएं।
4. चीनी मिलाएं तथा घुलने तक चलाएं।
5. मिश्रण को क्रीमी होने तक पकाएं तथा आंच से उतार लें।
6. इलायची कूट कर डालें।
7. किशमिश डालकर ठंडी या गर्म परोसें।

मीठा पनीर

सामग्री

दूध	– 600 मिली लीटर
पनीर	– 30 ग्राम
चीनी	– 25 ग्राम
केवड़ा अर्क	– कुछ बूंदें

विधि

1. पनीर के टुकड़े कर लें तथा दूध में डालकर कम आंच पर पकाएं।
2. कभी–कभी चलाएं जब तक मिश्रण गाढ़ा न हो जाए।
3. चीनी डालकर एक उबाल दें।
4. आंच से उतार कर केवड़े की बूंद डालकर परोस दें।

चावल का पकवान

सामग्री

चावल	– 20 ग्राम
दूध	– 1½ कप
अंडे	– 2
चीनी	– 30 ग्राम
जैम	– 15 ग्राम

विधि

1. दूध और चावल मिलाकर पकाएं जब तक मिश्रण क्रीमी तथा गाढ़ा न हो जाए।
2. एक चम्मच चीनी तथा एक अंडे की सफेदी को आपस में अच्छी तरह मिलाएं तथा हल्का पकाएं।
3. गोल थाली में जैम फैलाएं। इसमें मिश्रण डाल दें। एक मिनट तक हल्का गर्म करें।
4. दूसरे अंडे की सफेदी तथा चीनी को अच्छी तरह फेंटें।
5. इस मिश्रण को पुडिंग के ऊपर डालें तथा ओवन में 10 मिनट तक रखें, जब तक टोपिंग भूरे रंग की न हो जाए। गर्म–गर्म परोसें।

गाजर की खीर

सामग्री

दूध	–	600 मिली लीटर
गाजर	–	100 ग्राम
चीनी	–	15 ग्राम
किशमिश	–	4–5
बादाम	–	1

विधि

1. गाजर धोकर कद्दूकस करें।
2. दूध उबालकर उसमें गाजर डालें तथा हल्की आंच पर पकाएं। गाढ़ा होने तक कभी–कभी चलाएं।
3. चीनी डालकर एक मिनट पकाएं।
4. बादाम के टुकड़े करके बुरक लें फिर परोसें।

मूंग की दाल की खीर

सामग्री

दूध	– 750 मिली लीटर
पानी	– 1½ कप
चीनी	– 40 ग्राम
किशमिश	– 4–5

विधि

1. दाल को धोकर भिगोएं। ½ घंटे तक उबालें।
2. दूध डालकर 15–20 मिनट तक हल्की आंच पर उबालें। लगातार चलाएं जब तक अच्छी तरह मिल न जाए।
3. क्रीमी होने पर चीनी डालें। हिलाएं जब तक घुल न जाएं।
4. मिश्रण क्रीमी होने तक पकाएं।
5. आंच से उतार लें। किशमिश डालकर परोसें।

गाजर का हलवा

सामग्री

गाजर	–	600 ग्राम
दूध	–	90 मिली लीटर
चीनी	–	55–60 ग्राम
इलायची	–	3

विधि

1. गाजर धोयें फिर कद्दूकस करें।
2. गर्म कड़ाही में इलायची तथा गाजर डालें। जरूरत हो तो पानी छिड़कें। थोड़ी देर भूनने के बाद दूध मिलाएं। हल्की आंच पर पकाएं जब तक दूध सूख न जाए।
3. चीनी डालें फिर हल्की आंच पर हलवा तैयार होने तक पकाएं।
4. गर्म–गर्म परोसें।

बंद गोभी की खीर

सामग्री

दूध	– 600 मिली लीटर
बंद गोभी	– 100 ग्राम
चीनी	– 20 ग्राम
किशमिश	– 4–5

विधि

1. धोकर गोभी को छोटा–छोटा काट लें।
2. दूध उबालकर उसमें गोभी डाल दें। हल्की आंच पर पकाएं। मिश्रण के गाढ़ा होने तक कभी–कभी चलाएं।
3. चीनी डालकर एक मिनट तक पकाएं। आंच से उतार कर ठंडा होने पर किशमिश डालकर परोसें।

बंद गोभी की खीर

मैंगो बोनान्ज़ा

मैंगो बोनान्ज़ा

सामग्री

आम की चटनी के लिए

आम	– 1 बड़ा (कटा हुआ)
मक्की का आटा	– 1 चम्मच (पानी में घुला हुआ)
दालचीनी पाउडर	– ¼ चम्मच
केस्टर शुगर	– 30 ग्राम
ब्राऊन ब्रैड	– 3 पीस
बेकिंग पाउडर	– 1 चम्मच
इलायची चूर्ण	– ¼ चम्म्च
सपरेटा दूध	– 1 कप
किशमिश	– 5 ग्राम
संतरा	– 1 (फांके कटी हुई)

विधि

आम की चटनी

1. आधा कप पानी में चीनी डालकर गर्म करें।
2. इसमें मक्की के आटे का पेस्ट, दालचीनी तथा आम डालें।
3. चटनी की तरह बनने तक पकाएं।

पुडिंग

1. ब्रैड के किनारे काट कर दूध में भिगोएं तथा चम्मच से कुचलें।
2. चटनी को ब्रैड पर डालकर अच्छी तरह मिक्स करें।
4. ओवन प्रूफ थाली में डालकर किशमिश तथा संतरे के टुकड़े इस पर डालें। बन जाने तक पकाएं। गर्म या ठंडा परोसें।

दिलपसंद चावल

सामग्री

सपरेटा दूध	– 500 मिली लीटर
चावल का आटा	– 100 ग्राम
चीनी	– 150 ग्राम
इलायची पाउडर	– 1 चाय का चम्मच
गुलाब जल	– 1 चाय का चम्मच

विधि

1. हल्की आंच पर दूध तथा चीनी को मिलाकर रखें।
2. जब चीनी घुल जाए तो चावल का आटा तथा सभी सामग्री डाल कर लगातार चलाते रहें।
3. जब तक मिश्रण गाढ़ा न हो जाए पकाएं। आंच से उतार लें।
4. थाली में थोड़ा आटा छिड़कने के बाद मिश्रण डाल दें और ठंडा होने रख दें।
5. बर्फी के आकार में काट लें तथा ओवन में पकाएं, जब तक सुनहरी न हो जाए।
6. ठंडा करके हवा रहित डिब्बे में रख लें।

ऑरेंज वंडर

सामग्री

सपरेटा दूध	– 750 मिली लीटर
चीनी	– 75 ग्राम
संतरे	– 3
इलायची पाउडर	– 1 चाय का चम्मच

विधि

1. हल्की आंच पर दूध गाढ़ा होने तक पकाएं।
2. चीनी डालकर तब तक पकाएं जब तक वह भूरे रंग में तब्दील न हो जाए।
3. आंच से उतारकर ठंडा कर लें।
4. संतरों का गुदा निकालकर इलायची पाउडर के साथ ठंडे दूध में मिला लें। ऑरेंज वंडर तैयार है।

मैंगो सरपराइज़

सामग्री

सूजी	– 50 ग्राम
चीनी	– 30 ग्राम
दूध	– 750 मिली लीटर
आम का रस	– 500 मिली लीटर
इलायची पाउडर	– 1 चाय का चम्मच

विधि

1. गर्म कड़ाही में सूजी को अच्छी तरह भून लें।
2. दूध व चीनी मिलाकर गाढ़ा होने तक पकाएं।
3. आम का रस व इलायची पाउडर मिलाकर गाढ़ा होने तक पकाएं।
4. आंच से उतार कर इलायची पाउडर से सजाकर परोसें।

छैना मुर्गी

सामग्री

सपरेटा दूध से बना पनीर	–	1 किलो
चीनी	–	250 ग्राम
केवड़ा अर्क	–	½ चम्मच

विधि

1. एक कप पानी में चीनी डालकर दो तार की चाश्नी बनाएं।
2. पनीर के टुकड़े इसमें डालें। चाश्नी के गाढ़ा होने तक पकाएं और मिश्रण को बार–बार हिलाएं अन्यथा पनीर का चूरा बन सकता है।
3. ठंडा होने दें। पनीर के टुकड़ों को प्लेट में रख कर परोसें या हवा रहित डिब्बे में बंद कर लें।

फ्रूट क्रीम

सामग्री

सपरेटा दूध	– 1 लीटर
सेव	– ½
केला	– ½
अनानास	– 1 स्लाईस
चीनी	– 1 चम्मच
केसर	– कुछ पंखुड़ियां
इलायची पाउडर	– ¼ चम्मच
मक्की का आटा	– 1 चम्मच
किशमिश	– सजाने के लिए

विधि

1. दूध को इतना उबालें कि वो आधा रह जाए।
2. मक्की के आटे को एक चम्मच दूध व केसर में फेंट कर बना लें।
3. इस पेस्ट को दूध में मिलाएं और क्रीमी होने तक पकाएं।
4. अब इस मिश्रण में चीनी मिलाकर आंच से उतार लें और ठंडा होने दें।
5. आधा घंटा फ्रिज में रखकर प्रयोग में लें।

स्वादिष्ट कॉर्न

सामग्री

भुट्टे	– 4
दूध	– 2 लीटर
इलायची दाना	– 1 चम्मच
खस–खस के बीज	– 2 चम्मच
चीनी	– ½ चाय का चम्मच
गुलाब जल	– ¼ चाय का चम्मच
चांदी का वर्क	

विधि

1. हल्की आंच पर गाढ़ा होने तक दूध पकाएं। कभी–कभी चलाएं। बर्तन अलग रख दें।
2. भुट्टे के दानों का चूरा करके भूनें।
3. आधा कप पानी में चीनी डालकर चाश्नी बनाएं।
4. चाश्नी में दूध डालकर अच्छी तरह मिलाएं।
5. भुने हुए दानों को इसमें में मिलाएं। जब मिश्रण गाढ़ा हो जाए तो बर्तन अलग रख दें।
6. थाली में डालें तथा चांदी का वर्क लगाएं। ठंडा होने के बाद इसे टुकड़ों में काट लें और हवा रहित डिब्बे में बंद कर लें। इच्छानुसार सेवन करें।

फ्रूटी डिलाईट

सामग्री

दूध	– 2 लीटर
फल	
चेरी, अनानास, सेव	– 100 ग्राम
चीनी	– 200 ग्राम
वनीला अर्क	– कुछ बूंदें
चांदी के वर्क	

विधि

1. चीनी व दूध मिलाकर गाढ़ा होने तक पकाएं। पकने के बाद बर्तन अलग रख दें।
2. इसमें फलों के टुकड़े तथा अर्क मिलाएं।
3. थाली में फैला लें। चांदी का वर्क लगाएं। ठंडा होने के बाद टुकड़ों में काट लें।

मलाई की पूरी

सामग्री

दूध	– 500 मिली लीटर
मैदा	– 1 कप
चीनी	– 125 ग्राम
केसर अर्क	– कुछ बूंदें
केवड़ा अर्क	– कुछ बूंदें
इलायची दाने	– 1 चाय का चम्मच

विधि

1. एक कप पानी में चीनी डालकर गाढ़ी चाश्नी बनाएं।
2. दूध उबालें जब आधा रह जाए तो मैदा मिलाकर गाढ़ा मिश्रण बनाएं।
3. इलायची दाना तथा केसर अर्क अच्छी तरह मिला लें।
4. इडली के बर्तन को गर्म करके मैदे का मिश्रण इडली के सांचे में डालकर भाप दें।
5. इसके तैयार होने की जांच करने के लिए टूथ पिक को इसमें घुसाएं यदि निकालने पर बिल्कुल साफ नजर आए तो समझना चाहिए कि यह तैयार है।
6. सांचे से निकालकर ओवन में पकाएं।
7. चाश्नी में डुबोकर निकाल लें और ऊपर से केवड़ा छिड़कें। ठंडा होने पर परोसें।

रसभरी

सामग्री

उड़द की दाल	– 200 ग्राम
दूध	– 1½ लीटर
चीनी	– आधा किलो
इलायची पाउडर	– 1 चम्मच
गुलाब जल	– ½ चाय का चम्मच
गुलाब फूल की पत्ती	– थोड़ी सी

विधि

1. आधा होने तक दूध उबालें।
2. एक गिलास पानी में चीनी डालकर गाढ़ी चाश्नी बनाएं।
3. रात भर भीगी हुई दाल की पिट्ठी बना लें।
4. दाल की पिट्ठी, दूध तथा इलायची पाउडर को मिलाकर, गाढ़ा होने तक हल्की आंच पर पकाएं।
5. ठंडा हो जाने पर लड्डू बना लें।
6. इन लड्डुओं को, इडली के सांचे में डालकर भाप दें। फिर चाश्नी में डालकर हिलाएं।
7. 15 मिनट के बाद दूध मिला लें। ध्यान रहे लड्डू टूटने न पाए। गुलाब का अर्क तथा पत्तियां इसके ऊपर छिड़कें और ठंडा होने पर खाएं।

केसरी बर्फी

सामग्री

दूध	– 750 मिली लीटर
बूरा/चीनी	– 75 ग्राम
इलायची	– 2
गुलाब जल	– 1 चम्मच
कसी हुई गाजर	– 200 ग्राम
केसर	– ¼ चम्मच

विधि

1. दूध गाढ़ा होने तक उबालें। केसर डालकर बड़े बर्तन में लगातार तेज आंच पर पकाएं।
2. चीनी का पाउडर, गाजर, गुलाब जल तथा इलायची डालकर लगातार पकाएं।
3. थाली में फैलाकर, इसे बर्फी के आकार में काट लें। बर्फी खाने के लिए तैयार है।

क्यूट चॉकलेटी

सामग्री

दूध	– 600 मिली लीटर
चीनी	– 3 चम्मच
लीक्विड/ड्रिंकिंग चॉकलेट	– 1 चाय का चम्मच
चावल का आटा	– 2 चम्मच
वनीला अर्क	– ½ चम्मच

विधि

1. लीक्विड/ड्रिंकिंग चॉकलेट दूध में मिलाएं। इसके घुलने तक पकाएं।
2. चीनी डालकर अच्छी तरह मिलाएं।
3. चावल के आटे में ¼ कप पानी डालकर मिश्रण में मिलाएं।
4. मिश्रण के गाढ़ा होने तक पकाएं।
5. ठंडा करके वनीला अर्क मिलाएं। अधिक ठंडा करके परोसें।

पनीर प्लेजर

सामग्री

सपरेटा दूध	–	1 लीटर
सूजी	–	1 चाय का चम्मच
मैदा	–	1 चाय का चम्मच
चीनी	–	2 कप
पानी	–	6 कप
केसर	–	½ चाय का चम्मच, दो चम्मच दूध में घोलें
इलायची पाउडर	–	1 चाय का चम्म
केसरी रंग	–	एक चुटकी

विधि

1. दूध से पनीर बनाएं।
2. सूजी और मैदे को सूखा भूनकर उसमें पनीर मिलाएं। रंग डालकर गूंथ लें। इनके दस पेड़े बना लें तथा ओवन में 10 मिनट रखें।
3. चीनी की पतली चाश्नी बना लें।
4. सारे पेड़े चाश्नी में डालकर 15–20 मिनट उबालें। गाढ़ा होने पर गुनगुना पानी डालें।
5. इस चाश्नी में से निकालकर दूसरे चाश्नी में डालें जो ½ कप चीनी और ¼ कप पानी से बनाई गई हो।

फलूदा डिलाईट

सामग्री

दूध	–	1½ लीटर
चाईना ग्रास	–	एक पैकेट
चीनी	–	1½ कप
केसर	–	¼ चाय का चम्मच केसर
		¼ कप गर्म दूध में भिगोएं
गुलाब जल	–	1 चाय का चम्मच
इलायची	–	½ चाय का चम्मच

विधि

1. दूध इतना उबालें कि वह आधी मात्रा में रह जाए।
2. चाईना ग्रास को धोकर दूध में मिलाएं।
3. चीनी डालकर उसे गाढ़ा होने तक पकाएं।
4. ठंडा करके केसर, गुलाब जल तथा इलायची पाउडर मिलाएं।
5. कटोरे में डालकर फ्रीजर में रख दें। जमने के बाद इस्तेमाल करें।

जैगरी सरप्राइज़

सामग्री

गाय का सपरेटा दूध	– 1 लीटर
साइट्रीक एसिड	– ¼ चाय का चम्मच
पानी	– ¼ कप
खजूर जैगरी	– 300 ग्राम

विधि

1. पानी में साइट्रीक एसिड घोलें।
2. दूध गर्म करें। इसमें साइट्रीक एसिड मिलाएं। इसके गाढा होने तक लगातार चलाएं।
3. इस दूध को छान लें तथा महीन कपड़े में पनीर को बांध कर दो घंटे तक लटकाये रखें। जैगरी को अच्छी तरह मथने के बाद पनीर में मिलाएं।
4. मिश्रण को कड़ाही में डालकर हल्की आंच पर चलाएं जब तक मिश्रण कड़ाही न छोड़ने लगे।
5. इसे ठंडा करके, मिक्सी में चलाएं। मिश्रण के लड्डू बना लें। लड्डुओं को सांचे में डालकर दबाएं। सांचा हटा लें।

रसगुल्ला

सामग्री

सपरेटा दूध	– 1 लीटर
चीनी	– 2½ कप
साइट्रिक एसिड	– 1 चाय का चम्मच
पानी	– 8½ कप
गुलाब जल	– 1 चाय का चम्मच
इलायची	– 2–3
चीनी	– ½ कप
मैदा	– 2 चम्मच
चाश्नी के लिए पानी	– 1 कप

विधि

1. दूध में साइट्रिक एसिड डालकर पनीर बनाएं।
2. मैदे का पेस्ट बनाएं।
3. पनीर को गूंथे।
4. 2½ कप चीनी तथा 8 कप पानी की चाश्नी बनाएं। इसमें मैदा पेस्ट डालकर उबालें।
5. पनीर मिश्रण के लड्डू बना लें तथा आधे घंटे तक इसे चाश्नी में डालकर उबालें।
6. फिर इन लड्डुओं को ½ कप चीनी तथा एक कप पानी से बनाई चाश्नी में डालें। गुलाब जल तथा इलायची मिलाएं। ठंडा करके इस्तेमाल करें।

संदेश

संदेश

सपरेटा दूध से बना पनीर	– 1/3 कप
बूरा/चीनी	– 1½ चम्मच
गुलाब जल	– ¼ कप
लाल रंग	– 2 चुटकी

विधि

1. पनीर को गूंथें। हल्की आंच पर लोहे के बर्तन में पकाएं जब तक यह किनारा छोड़ना न शुरू करे।
2. अब इसमें बूरा मिला कर इसका पानी सूखने दें।
3. गुलाब जल तथा रंग मिलाएं और आंच से उतार लें। ठंडा करके मिक्सी में मिलाएं।
4. संदेश के सांचे में डाल कर आकार दें।

संदेश (चीनी रहित)

सामग्री

सपरेटा दूध से तैयार पनीर	–	1/3 कप
गुलाब जल	–	¼ कप
लाल रंग	–	2 बूंदें
केसर	–	2–3 पंखुड़ी
इलायची पाउडर	–	1 चाय का चम्मच

विधि

1. पनीर गूंथें। हल्की आंच पर लोहे के बर्तन में पकाएं जब तक यह किनारा न छोड़ने लगे।
2. अब इसमें गुलाब जल, रंग, केसर तथा इलायची डालें। आंच से उतारकर ठंडा करें और मिक्सी में चलाएं।
3. संदेश सांचे में डालकर गोल आकार दे कर दबाएं।

क्रेज़ी कैबेज

सामग्री

अंकुरित गेहूँ	– 100 ग्राम
बंद गोभी	– 100 ग्राम
सपरेटा दूध	– ½ लीटर
इलायची पाउडर	– 1 चम्मच
चीनी	– 50 ग्राम

विधि

1. बंद गोभी को बारीक काटकर भाप दें। पनीर का भी चूरा कर लें।
2. दूध उबालें और उसमें चीनी, पनीर और गोभी मिलाएं।
3. जब तक गाढ़ा न हो जाए तब तक पकाएं।
4. इलायची पाउडर से सजाएं। फ्रीज़र में रख कर अधिक ठंडा करके खाएं।

सिज़लिंग बॉल्स

सामग्री

पनीर	– 200 ग्राम
बूरा चीनी	– 5 चम्मच
चीनी	– 3/4 कप
इलायची पाउडर	– ¼ चाय का चम्मच
केसरी रंग	– एक चुटकी
गुलाब का अर्क	– कुछ बूंदें

विधि

1. पनीर को मथ लें। इसमें इलायची पाउडर, केसरी रंग और गुलाब अर्क के साथ बूरा मिलाएं।
2. मध्यम आंच पर इसे इतना पकाएं कि पनीर इकट्ठा होकर एक बॉल के रूप में बन जाए। फिर इसे ठंडा कर लें।
3. अब इसमें केसरी रंग मिलाकर, छोटे लड्डू बनाकर रखें।
4. फ्रीज़र में ठंडा करके खाएं।

मेरिंगु एंड राइस पुडिंग

सामग्री

चावल	–	20 ग्राम
दूध	–	400 मिली लीटर
अंडा (सफेदी)	–	2
केस्टर शुगर	–	2 चम्मच
मेरिंगु के लिए जैम	--	1 चम्मच

विधि

1. चावल तथा दूध इतना पकाएं कि गाढ़ा हो जाए। यदि आवश्यकता हो तो उसमें पानी डालें।
2. थोड़ा ठंडा करके एक अंडे की सफेदी तथा एक चम्मच चीनी मिलाएं।
3. अब थाली में आटा छिड़कें और उस पर जैम डाल कर तथा चावल का मिश्रण डाल दें। इसके जमने तक ओवन में रखें।
4. अंडे की सफेदी को चीनी में मिलाकर अच्छी तरह फेंटें।
5. फिर इसे चावल के मिश्रण पर डालें तथा ओवन में 20–30 मिनट तक रखें। जब तक मेरिंगु टोपिंग भूरी तथा कुरकरी न हो जाए।

क्वीन ऑफ पुडिंग्स

सामग्री

दूध	–	300 मिली लीटर
ताज़ी ब्रैड	–	2 स्लाइस
चीनी	–	4 चम्मच
अण्डा (सफेद जर्दी)	–	1
यीस्ट / खमीर	–	1 चाय का चम्मच
मेरिंगु के लिए नींबू	–	1
अण्डा (सफेद जर्दी)	–	1
केस्टर शुगर	--	2 चम्मच

विधि

1. ताजे ब्रैड के छोटे टुकड़े करके थाली में रखें।
2. दूध गर्म करके ब्रैड के टुकड़ों पर डालें। नींबू तथा चीनी मिलाएं। मिश्रण को आधा घंटे तक रखें ताकि ब्रैड फूल जाए।
3. खमीर को पानी में मिलाकर, मिश्रण पर डालें तथा कांटे के साथ अच्छी तरह मिलाएं।
4. आधे घंटे ओवन में रखकर (375^0 F) जम जाने तक पकाएं।
5. मिश्रण के ऊपर जैम फैलाएं।
6. अंडे की जर्दी को फेंटे तथा एक चम्मच चीनी मिलाएं।
7. मेरिंगु को पुडिंग के ऊपर डालें तथा चीनी बुरक दें।

स्टिब्ड एप्पल

सामग्री

सेब	– 2 छोटे
चीनी	– 40 ग्राम
पानी	– 100 मिली लीटर
दाल चीनी	– 1 चाय का चम्मच
कस्टर्ड के लिए	
दूध	– 200 मिली लीटर
कस्टर्ड पाउडर	– 2 चाय के चम्मच
चीनी	– 3 चाय के चम्मच

विधि

1. सेबों के छिलके उतार कर उसका गूदा निकाल लें।
2. दालचीनी, पानी तथा चीनी मिलाएं। इस मिश्रण को उबालें तथा लगातार चलाएं।
3. सेब को इस चाश्नी में डालें तथा धीरे–धीरे पकाएं।

कस्टर्ड

1. दूध गर्म करके चीनी डालें, फिर उबालें।
2. कस्टर्ड पाउडर को पानी या दूध में मिलाकर पेस्ट बना लें।
3. अब दूध आंच से उतारें। कस्टर्ड पेस्ट को मिलाएं तथा लगातार चलाएं।
4. दूध को आंच पर रखकर, धीरे–धीरे थोड़ी देर उबलने दें। जब तक यह परतनुमा न बन जाए।

मिल्क केक

सामग्री

दूध	– 500 मिली लीटर
चीनी	– 25 ग्राम
लेमन जूस	– ½ चाय का चम्मच
रिफाइंड आटा	– 1 चाय का चम्मच

विधि

1. कंटेनर में आटा छिड़कें तथा उसमें दालचीनी डालें।
2. दूध उबालें। एक लिटर पानी में लेमन जूस घोलकर बूंद–बूंद दूध में डालें।
3. जब तक यह गाढ़ा न हो जाए तब तक चलाएं।
4. चीनी डालकर पकाते रहें जब तक मिश्रण सूख न जाए।
5. मिश्रण को तैयार किए हुए कंटेनर में डालकर जमने के लिए छोड़ दें।
6. केक को सांचे में से निकाल लें। मिल्क केक तैयार है।

सेब की चटनी

सामग्री

सेब	–	1
दूध	–	1 कप
जायफल पाउडर	–	एक चुटकी
लेमन जूस	–	2 चाय के चम्मच
नमक	–	स्वादानुसार

विधि

1. सेब के गूदे के टुकड़े कर लें और इसे दूध में 10–15 मिनट पकाएं। ठंडा करके मिश्रण को अच्छी तरह मिलाएं।
2. जायफल पाउडर और नमक को लेमन जूस में मिलाएं।
3. फिर सबको एक साथ मिला लें।

मैंगो, ऑरेंज पुडिंग

सामग्री

आम का रस	– 1 कप
संतरे	– 2
सपरेटा दूध	– 1 कप
केस्टर शुगर	– ½ कप
मक्का का आटा	– ½ कप
जेलेटीन	– 1 चाय का चम्मच
चेरी	– ¼ कप

विधि

1. चीनी तथा आटे को दूध में मिलाएं। हल्की आंच पर मिश्रण गर्म करें। गाढा होने पर ठंडा होने के लिए अलग रख दें।
2. जेलेटीन को पानी में भिगो दें।
3. इसे गर्म पानी में घोलें तथा आम का रस डालकर अच्छी तरह हिलाएं।
4. संतरे के टुकड़े डालें और मिश्रण को इसमें मिला दें। फिर सांचे में डालकर फ्रिजर में जमने के लिए रख दें।
5. इसे थाली में पलट लें तथा चेरी से सजा दें।

खरबूजा तथा चीकू कस्टर्ड

सामग्री

खरबूजा	– ½
जेलेटीन	– 1 चाय का चम्मच
चीनी	– 50 ग्राम
चीकू	– 2
दूध	– 100 मिली लीटर
कस्टर्ड पाउडर	– 2 चाय के चम्मच

विधि

1. खरबूजे का गूदा निकाल कर फ्रीज कर लें।
2. दूध उबाल कर इसमें कस्टर्ड पाउडर मिलाएं। जब तक कस्टर्ड गाढ़ा न हो जाए पकाएं।
3. जेलेटीन को गर्म पानी में पिघला कर कस्टर्ड में डाल दें और अच्छी तरह चलाएं।
4. फ्रिज में ठंडा करें।
5. कस्टर्ड मिश्रण को दो भागों में बांट दें। चीकू पेस्ट कस्टर्ड मिश्रण के एक भाग में डालें और खरबूजे का गूदा दूसरे भाग में डालें।
6. चीकू कस्टर्ड को बीचों–बीच खाली छोड़ते हुए कप में डालें। फिर इस खाली जगह में खरबूजा कस्टर्ड को डालें। फ्रिजर में रख दें, ठंडा होने पर परोसें।

कोल्ड लेमन सूफले

सामग्री

सपरेटा दूध	–	200 मिली लीटर
जेलीटिन	–	25 मिली लीटर
पानी	–	40 मिली लीटर
नींबू जूस	–	2 चम्मच
चीनी	–	स्वादानुसार
वनीला अर्क	–	2–3 बूंदें
पीला रंग	–	एक चुटकी
चेरी	–	2

विधि

1. फ्रीज़र में दूध 24 घंटे रखें।
2. पानी में जेलीटिन छिड़कें। थोड़े समय के लिए छोड़ दें। जेलीटिन कन्टेनर गर्म पानी में रखें। घुलने तक हिलाएं।
3. एक बड़े कटोरे में दूध को अच्छी तरह चंवर करें।
4. जेलीटिन में नींबू रस, चीनी, वनीला अर्क तथा पीले रंग को अच्छी तरह मिलाएं।
5. अब इसे भगोने में डालकर जमने के लिए फ्रिज में रखें।
6. इसका ऊपरी भाग चेरी से सजाएं।

पिंक सेंसेशन

सामग्री

शहतूत	–	100 ग्राम
सपरेटा दूध	–	250 मिली लीटर
कस्टर्ड पाउडर	–	17 ग्राम
चीनी	–	स्वादानुसार

विधि

1. शहतूत को साफ करके पेस्ट बना लें।
2. कड़ाही में दूध डालकर थोड़ी देर गर्म करें।
3. थोड़े से अन्य दूध में कस्टर्ड पाउडर घोलकर, गर्म दूध में मिलाएं।
4. इसे गाढ़ा होने तक उबालें और चीनी मिलाकर थोड़ा ठंडा करें।
5. इसमें कस्टर्ड तथा शहतूत पेस्ट मिलाएं। ढक कर फ्रीज़र में ठंडा कर लें, फिर परोसें।

पवित्र अनुष्ठान

सामग्री

सेब	– 2
सपरेटा दूध	– 150 मिली लीटर
चीकू	– 2
चेरी	– 2
अनानास रस	– 20 मिली लीटर
केस्टर शुगर	– 10 ग्राम
कस्टर्ड पाउडर	– 1 चम्मच
जायफल पाउडर	– एक चुटकी

विधि

1. कस्टर्ड बनाने के लिए दूध में चीनी डालकर गर्म करें। थोड़े दूध या पानी में कस्टर्ड पाउडर मिलाकर पेस्ट बनाएं। आंच से उतारकर इस पेस्ट को दूध में मिला दें।
2. इस मिश्रण को कुछ मिनट तक हल्की आंच पर रखें।
3. चीकू, जायफल पाउडर तथा कस्टर्ड को मिक्सी में चलाएं।
4. आधे सेब को छीलकर उसका गूदा निकाल लें।
5. मिश्रण को आधे सेब में मिलाएं।
6. अब अनानास का जूस इसमें डालें तथा इसे चेरी से सजाएं। ओवन में पका कर गर्म–गर्म परोसें।

कलरफुल मिक्स्ड स्पांज

सामग्री

ब्राऊन ब्रैड	– 1 पीस
सेब	– ½
काले अंगूर	– 25 ग्राम
अनानास	– 2 पीस
अनानास का रस	– ½ कप

संतरा चटनी के लिए

दूध	– 100 मिली लीटर
कस्टर्ड पाउडर	– 2 चाय का चम्मच
संतरे का जूस	– 2 चम्मच

जैली के लिए

गर्म पानी	– ¼ कप

विधि

जेली के लिए

1. क्रिस्टल जेली को गर्म पानी में घोलें और ठंडा पानी डालकर फ्रीज में जमाएं।

कस्टर्ड चटनी

1. कस्टर्ड बनाकर उसमें संतरे का जूस मिलाएं।

मिश्रण के लिए

1. शीशे की प्याली में स्पांज केक को अनानास रस में भिगोएं।
2. इसमें फल तथा संतरे की चटनी डालें।
3. अन्त में इसके ऊपरी भाग को जेली से सजाएं। मिश्रण तैयार है।

एप्पल ट्रॉफी

सामग्री

सपरेटा दूध	–	500 मिली लीटर
कस्टर्ड पाउडर	–	1–2 चम्मच
चीनी	–	20 ग्राम
सेब	–	1
अनार	–	आधा
पोदीने की पत्तियां	–	कुछ

विधि

1. दूध उबालें। इसमें कस्टर्ड पेस्ट बनाकर चीनी के साथ मिक्स कर दें।
2. इसे गाढ़ा होने तक चलाएं।
3. सेब की लम्बी पतली फांक काट लें और अनार के दाने निकाल लें।
4. थाली या प्लेट में कस्टर्ड की पतली पर्त डालें फिर इस पर सेब की फांके रखें और दुबारा कस्टर्ड रखें। अब इस पर अनार के दाने रखें।
5. इसे पोदीने की पत्तियों व चेरी से सजाएं और फ्रीज़र में रख कर ठंडा होने पर खाएं।

एप्पल ट्रॉफी

शाही टुकड़े

शाही टुकड़े

सामग्री

ब्रेड पीस	–	6
सपरेटा दूध	–	750 मिली लीटर
चीनी	–	200 ग्राम
इलायची पाउडर	–	½ चाय का चम्मच
गुलाब जल	–	½ चाय का चम्मच
थोड़ी गुलाब की पत्तियां		

विधि

1. ब्रेड पीसों के छोटे टुकड़े कर लें।
2. गर्म तवे पर इन टुकड़ों को भून लें।
3. बड़े बर्तन में दूध व चीनी को गर्म करें। जब मिश्रण सिरप बन जाए, फिर इसमें इलायची का पाउडर डाल लें। ब्रेड के टुकड़ों को बर्तन में अलग–अलग रख लें।
4. कम आंच पर पकाएं जब तक ब्रेड दूध को सोख न ले।
5. गुलाब जल तथा पत्तियां छिड़कें। शाही व्यंजन तैयार है।

क्रन्ची कस्टर्ड

सामग्री

सपरेटा दूध	– 300 मिली लीटर
अंडे की सफेद जर्दी	– 1
कस्टर्ड पाउडर	– 1 चम्मच
इलायची पाउडर	– ¼ चम्मच
चीनी	– 15 ग्राम
सेब	– ¼
अंगूर	– 10 ग्राम
मेरी बिस्कुट	– 8 (चूरा)

विधि

1. कस्टर्ड पाउडर को 2 चम्मच दूध में मिलाकर पेस्ट बना लें।
2. पेस्ट को बचे हुए दूध में मिला कर कम आंच पर पकाएं। ध्यान रहे इसे चलाते रहना चाहिए।
3. अंडे की जर्दी में सेब तथा केले को फेंटे।
4. अंडे के मिश्रण को चम्मच भर कर कस्टर्ड में डालें, फिर 5 मिनट तक पकाएं।
5. गर्म या ठंडा जैसा मन चाहे परोसें।

चीकू डेज़र्ट

सामग्री

चीकू	– 4 (छिले व कटे हुए)
केला	– 1 (छिला व कटा हुआ)
सेब	– ½ (छिला व कटा हुआ)
संतरा	– ½ (छिला व फांके कटी हुई)
अंगूर	– 15–20 धुले
चेरी	– 4 (कटी हुई)
कस्टर्ड	– 2 कप दूध का बना हुआ
वनीला अर्क	– 3–4 बूंदें
चीनी	– स्वादानुसार

विधि

1. कटे हुए फलों में चीनी मिलाकर ठंडा करें।
2. ठंडा होने पर फलों के ऊपर कस्टर्ड डालकर परोसें।

खस-खस की खीर

सामग्री

खस–खस के बीज	– 1 चम्मच
गेहूं (कुचले हुए)	– 1 चम्मच
इलायची	– 1 चम्मच
दूध	– 500 ग्राम
चीनी	– 45 ग्राम

विधि

1. गेहूं तथा खस–खस के बीजों को 2–4 घंटे तक पानी में भिगोएं। फिर अच्छी तरह साफ कर लें तथा पेस्ट बना लें।
2. गर्म कड़ाही में इस पेस्ट को सुनहरी होने तक भूनें।
3. चीनी, दूध तथा इलायची दाने मिलाएं।
4. जब तक दूध आधा न रह जाए, पकाएं। तुरंत परोसें।

कैबेज पनीर डिलाईट

सामग्री

पनीर	– 100 ग्राम
कैबेज	– 100 ग्राम
सपरेटा दूध	– ½ लीटर
इलायची पाउडर	– ½ चाय का चम्मच
किशमिश	– 25 ग्राम
चीनी	– 50 ग्राम

विधि

1. बंद गोभी को बारीक काटकर भाप दें।
2. पनीर को चूरा कर लें।
3. दूध उबालें और इसमें गोभी, पनीर तथा चीनी डाल कर गाढ़ा होने तक पकाएं।
4. किशमिश तथा इलायची ऊपर से डालें तथा फ्रीज़र में रखें। एक घंटा रखने के बाद परोसें।

स्वीट चपाती रोल

सामग्री

गाजर	– 250 ग्राम
चीनी	– 125 ग्राम
इलायची	– 2–3
पोस्त	– 10 ग्राम
सपरेटा दूध	– 1 कप
चावल का आटा	– 100 ग्राम

विधि

1. गाजरों को धोकर कस लें।
2. पोस्त का पेस्ट बनाएं।
3. गर्म कड़ाही में दो चम्मच दूध डालकर कसी हुई गाजरों को उसमें डालें और बाकी बचा दूध भी उसमें धीरे–धीरे मिलाएं।
4. अब इसमें पोस्त तथा चीनी डालें और चीनी घुलने तक हिलाएं तथा इलायची डालकर उतार लें।
5. चावल के आटे को गूंथ लें और इसके छोटे–छोटे पेड़े बनाकर चपाती बना लें।
6. चपातियों में गाजर का मिश्रण डालकर रोल बना लें।
7. बड़ा कटोरा लेकर उसमें आधे से कम पानी डालें और महीन कपड़े कटोरे पर बांध लें।
8. जब पानी उबलने लग जाए तो चपाती रोल को कपड़े पर रखें तथा ढक्कन लगाएं। इसे 5 मिनट तक रखें।
9. अन्य चपाती रोल भी इसी तरह बनाएं और गर्म–गर्म परोसें।

योगर्ट पुडिंग

सामग्री

बड़ा बन्द	– 1
केन्ड फ्रूट्स	– 1 टीन (टुकड़ों में काट लें)
जेलीटिन	– 4 चम्मच चाय के
पानी	– 4 चम्मच
सपरेटा दूध	– 2 कप
चीनी	– 1 कप
दही	– 1 कप
नींबू रस	– 2 चाय के चम्मच
अनानास अर्क	– 1 चाय का चम्मच
पीला रंग	– कुछ बूंदें
पानी	– 1 चम्मच
ग्लेज़ के लिए	
जेलीटिन	– 2 चाय का चम्मच
शहतूत जैम	– ¼ कप

विधि

1. जेलीटिन को पानी में घोल लें।
2. दूध और चीनी मिलाकर गर्म करें। चीनी घुलने पर आंच से उतार लें।
3. जेलीटिन मिश्रण को दूध में मिलाएं और इसे अच्छी तरह से हिलाएं।

4. ठंडा होने के बाद दही में नींबू रस, अर्क, रंग मिलाएं तथा फ्रीज़ कर लें।
5. बंद का ऊपरी भूरा हिस्सा हटा लें तथा थाली पर रखें तथा इसे फ्रूट के सीरप में भिगाएं।
6. जब दही मिश्रण कुछ गाढ़ा हो जाए तो चम्मच से फ्रूट बंद पर डालें, फिर दही डालें।
7. फ्रीज़र में इसे अच्छी तरह ठंडा होने दें। गर्म तवे पर जेलीटिन तथा एक चम्मच पानी मिलाकर ग्लेज बनाएं फिर जैम मिलाकर अच्छी तरह मिलाएं तथा आंच से हटा लें।
8. ग्लेज को चम्मच से, जमे हुए दही पर रखें।
9. ग्लेज पर मार्किंग करके हर भाग पर चेरी से सजाएं और ठंडा–ठंडा परोसें।

अनानास पुडिंग

सामग्री

किशमिश	– 1
जेलीटिन	– 4 चाय के चम्मच
सपरेटा दूध	– 5 कप
चीनी	– ½ कप
अनानास कस्टर्ड पाउडर	– 5 चाय के चम्मच
डिब्बा बंद चेरी	– आवश्यकतानुसार
सेब	– 1
कोई मौसमी फल	– 1
अनानास अर्क	– 1 चाय का चम्मच
मेरी बिस्कुट	– 1 छोटा पैकेट
कॉफी	– 1 चाय का चम्मच

विधि

1. कस्टर्ड पाउडर को आधा कप दूध में घोलकर अलग रख दें और बचे हुए दूध में चीनी डालकर उबालें।
2. इसमें कस्टर्ड पाउडर डालकर 5 मिनट तक अच्छी तरह चलाएं जब तक पतला कस्टर्ड तैयार न हो जाए।
3. आधा कप पानी में जेलीटिन डालकर हल्की आंच पर घोलें।
4. इसे उबालें नहीं तथा कस्टर्ड मिश्रण मिलाएं।
5. अनानास अर्क कस्टर्ड में मिलाएं तथा अलग रख दें।

6. पारदर्शक थाली में किशमिश फैलाएं तथा आधा कस्टर्ड डालें।
7. इसे 15–20 मिनट तक फ्रीज करें तथा बचे हुए कस्टर्ड को गाढ़ा करने के लिए फ्रीज़र में रखें।
8. आधा कप पानी में एक चम्मच चीनी तथा कॉफी मिलाकर काली कॉफी बनाएं।
9. गर्म कॉफी में बिस्कुट भिगोएं तथा कस्टर्ड के ऊपर व्यवस्थित करें, 15 मिनट तक फ्रीज़ में रखें।
10. बचे कस्टर्ड को बिस्कुट के साथ मथें तथा जमने तक फ्रीज़ करें।
11. कटे हुए ताज़े फल ऊपर फैलाएं तथा फ्रीज़ में रखें। ठंडा–ठंडा परोसें।

एप्पल मेरिंगू

सामग्री

सेब	– 1 किलो ग्राम
दूध	– 3 चम्मच
केस्टर शुगर	– 120 ग्राम
जैम	– 2 चम्मच
अंडे की सफेद जर्दी	– 2
बन्द	– 1 मध्यम

विधि

1. सेब धो लें तथा बीज निकाल लें।
2. ढक्कन बंद बर्तन में, सेब को दूध में पकाएं जब तक वह मुलायम न हो जाएं।
3. दो चम्मच केस्टर शुगर तथा सेब की प्यूरी बनाएं।
4. बन्द का भूरा ऊपरी भाग हटाकर चम्मच से सेब की प्यूरी डालें, फिर ओवन में रख दें।
5. अंडों की जर्दी को बची हुई शुगर के साथ मथें, जब तक मिश्रण गाढ़ा न हो जाए।
6. आईसिंग बैग की सहायता से सेबों पर डिजाईन बनाएं।
7. 20 मिनट तक 300^0 F पर पकाएं। ठंडा करके परोसें।

खजूरी बॉल

सामग्री

बीज रहित सूखे खजूर	– 250 ग्राम
सपरेटा दूध	– 250 मिली लीटर
चीनी	– 200 ग्राम
पानी	– चाश्नी बनाने के लिए
गुलाब जल	– छोटी बोतल

विधि

1. सपरेटा दूध में खजूर रात भर भीगे रहने दें।
2. अगले दिन खजूर अलग करके मिक्सी में पीस कर पेस्ट बना लें।
3. 250 ग्राम दूध गाढ़ा होने तक उबालें।
4. पेस्ट को कड़ाही में भूने, अगर जरूरत हो तो बीच में दूध डालें। सूखने तथा गाढ़ा होने तक भूनें।
5. मिक्सी में पीस कर इसका पाउडर बना लें।
6. चीनी की चाश्नी बनाएं। इसे छलनी से छानते हुए पेस्ट में डालें।
7. खजूर की पेस्ट तथा चीनी पाउडर को आपस में मिलाएं।
8. गुलाब जल के एक से दो चम्मच मिश्रण में डालकर लड्डू बना लें फिर परोसें।

अंकुरित तिलमिल

सामग्री

अंकुरित गेहूं का पाउडर	– ½ कप
सपरेटा दूध	– 1 लीटर
चीनी	– 6 चम्मच
इलायची पाउडर	– ½ चाय का चम्मच
दही	– ½ कप

विधि

1. अंकुरित गेहूं का आटा बनाने के लिए पहले 24 घंटे तक गेहूं भिगो कर रखें। फिर अगले 24 घंटे तक मलमल के कपड़े में बांध कर रखें। 150^0 C तापमान पर ओवन में 15 मिनट तक सुखा कर मिक्सर में पीसें।
2. आधा कप आटे में आधा कप दही मिलाएं।
3. दूध गर्म करें जब उबलने की स्थिति में आ जाए तो इस मिश्रण में डालें। इससे मट्ठा अलग हो जाएगा।
4. मट्ठे को पूर्णतया अलग कर लें। फिर चीनी डालें तथा पानी भाग को बर्फ बनकर उड़ जाने दें।
5. इलायची डालकर मिश्रण इतना भूनें कि बर्तन के किनारे छोड़ दे। अब कंटेनर में डालकर ठंडा कर लें।

बाजरे की खीर

सामग्री

बाजरा	– 60 ग्राम
सपरेटा दूध	– 250 मिली लीटर
इलायची पाउडर	– 1 चाय का चम्मच
चीनी	– 50 ग्राम

विधि

1. गर्म कड़ाही में बाजरा भूनें।
2. दूध उबालकर बाजरा मिलाएं।
3. गाढ़ा होने तक मिश्रण पकाएं।
4. मिश्रण में चीनी मिलाएं तथा आंच से उतार लें। इलायची पाउडर बुरक कर परोसें।

केसर रसमलाई

सामग्री

रसगुल्ला डिस्क बनाने के लिए

छैना	– 1 लीटर (डबल टोंड दूध)
मैदा	– 1 चाय का चम्मच

चाश्नी बनाने के लिए

चीनी	– 5 कप
सपरेटा दूध	– ½ कप

केसर दूध के लिए

सपरेटा दूध	– 1 लीटर
चीनी	– ¼ कप
केसर पत्तियां	– थोड़ी सी
इलायची पाउडर	– ¼ चम्मच

अन्य सामग्री

मैदा	– 2 चम्मच

विधि

रसगुल्ला डिस्क बनाने की

1. छैना 8 भागों में बांट लें तथा गोल चपटा कर लें। ध्यान रहे कि इनमें चटक न आए।
2. प्लेट पर मैदा बुरक कर छैना डिस्क इसके ऊपर रख दें।

चाश्नी बनाने के लिए

1. चीनी तथा दूध तीन कप पानी के साथ कड़ाही में गर्म करें। तब तक चलाएं जब तक चीनी घुल न जाए।
2. चाश्नी में से चम्मच की मदद से गंदगी निकाल लें।
3. आंच तेज करके एक से दो मिनट तक इसे अच्छी तरह गर्म करें तथा उतार कर रख लें।

केसर दूध बनाने की विधि

1. नॉनस्टिक कड़ाही में दूध उबालें। इसमें चीनी, केसर तथा इलायची पाउडर मिलाएं। अच्छी तरह मिलाने के बाद आंच से उतार लें।

रसगुल्ला डिस्क बनाने की विधि

1. 3/4 कप पानी में 2 चाय के चम्मच आटा घोल लें।
2. चाश्नी को गहरे बर्तन में डालकर ज्यादा आंच पर अच्छी तरह उबालें।
3. उबाल आने पर आधा मैदा का घोल इसमें छिड़क दें तथा छैना डिस्क डालें।
4. ध्यान रहे जब घोल डाला जाता है तो चाश्नी पर एक परत बन जाती है।
5. जब परत अलग हो जाए तो बचा हुआ घोल भी डाल दें।
6. इसके बाद चाश्नी में पानी छिड़कते रहें ताकि रसगुल्ला डिस्क पकाते हुए यह उबलता रहे। अब इसे 15 मिनट तक पकाएं।
7. छूकर देखें कि क्या रसगुल्ला पक गया है। यदि रसगुल्ला छूने से उसकी शेप खराब न हो तो समझो तैयार हो गए हैं। अन्य तरीका है यदि पानी के बरतन में डालने पर रसगुल्ला तली पर पहुंच जाए तो समझें पक चुका है।
8. अब इसे आंच से उतार लें तथा तीन से चार घंटे तक ठंडा करें।
9. चाश्नी में से रसगुल्ला डिस्क निकाल लें तथा अतिरिक्त चाश्नी निचोड़ लें।
10. डिस्क को कटोरे में रखकर ऊपरी भाग पर गर्म केसर का दूध डालें।
11. दो घंटे तक अच्छी तरह ठंडा करें तथा केसर बुरककर परोसें।

चमचम

सामग्री

चमचम के लिए

दूध	–	1 लीटर (डबल टोंड) छैना के लिए
केसर रंग	–	2–3 बूंद
मैदा	–	1 चाय का चम्मच

चाश्नी बनाने के लिए

चीनी	–	5 कप
दूध	–	½ कप (डबल टोंड)
केसर रंग	–	½ चाय का चम्मच

अन्य सामग्री

मैदा	–	2 चाय के चम्मच

विधि

चमचम बनाने के लिए

1. छैना में रंग मिलाकर मिश्रण को 8 भागों में बांट दें।
2. हर भाग को हथेलियों की मदद से चपटा करके आकार दें।
3. प्लेट में मैदा बुरककर उसमें चमचम रख लें।

चाश्नी बनाने के लिए

1. चीनी तथा दूध तीन कप पानी के साथ कड़ाही में गर्म करें। तब तक चलाएं जब तक चीनी धुल न जाएं।
2. इस चाश्नी में से चम्मच की मदद से गंदगी निकाल लें।
3. आंच तेज करके एक से दो मिनट तक अच्छी तरह गर्म करें तथा उतार कर रख लें।

आगे की विधि

1. 3/4 कप पानी में 2 चाय के चम्मच मैदा घोल लें।
2. चाश्नी गहरे बर्तन में डालकर ज्यादा आंच पर अच्छी तरह उबालें।
3. उबाल आने पर आधा मैदा का घोल इसमें छिड़क दें तथा चमचम डालें।
4. जब घोल डाला जाता है तो चाश्नी पर एक परत बन जाती है।
5. जब परत अलग हो जाए तो बचा हुआ घोल भी डाल दें।
6. इसके बाद चाश्नी में पानी छिड़कते रहें ताकि चमचम पकाते हुए चाश्नी उबलती रहे तथा इसे 15 मिनट तक पकाएं।
7. चमचम तैयार हुई या नहीं इनको चैक करने की वही विधि है जो रसगुल्ला चैक करने की है।
8. आंच तेज करके चाश्नी को और गाढ़ा कर लें, 5 मिनट तक पकाएं।
9. अब इसे आंच से उतार कर चमचम को कटोरे में, 3 बड़े चम्मच चीनी तथा एक कप पानी की चाश्नी में डाल लें।
10. चमचम तीन से चार घंटे तक ठंडा होने दें तथा चाश्नी से निकालकर अतिरिक्त चाश्नी निचोड़ लें।

सीताफल की फिरनी

सामग्री

दूध	– 1 लीटर (डबल टोंड)
चावल का आटा	– 4 चाय के चम्मच
चीनी	– 4 से 6 चम्मच
कस्टर्ड एप्पल (सीताफल)	– 1½ कप (गूदा बीज रहित)

विधि

1. आधा कप ठंडे दूध में चावल का आटा डालकर पेस्ट बना लें।
2. इसे बचे हुए दूध में मिलाएं तथा चीनी भी मिला दें और मध्यम आंच पर लगातार चलाएं।
3. 5–10 मिनट तक गर्म करें जब तक मिश्रण गाढ़ा न हो जाए तथा चावल का आटा पक न जाए।
4. अच्छी तरह ठंडा करके सीताफल का गूदा डालें।
5. अच्छी तरह मिलाकर 3 से 4 घंटे तक खूब ठंडा कर लें तथा ऐसे ही परोसें।

लेबू संदेश

सामग्री

छैना	– 1¼ कप (डबल टोंड दूध से बना)
चीनी	– ¼ कप
नींबू छिलका	– 1
केसर	– 12 पंखुड़ियां

विधि

1. नींबू छिलके को अच्छी तरह कस लें।
2. चीनी, छिलके तथा छैना को अच्छी तरह मिलाकर गूंथ लें।
3. इसे छः भागों में बांटकर सांचे में डालकर आकार दें।
4. केसर से सजाकर परोसें।

चॉकलेट संदेश

सामग्री

दूध (डबल टोंड)	– 1 लीटर
कोको पाउडर	– 2 चम्मच
बूरा	– 10 चम्मच
छोटी इलायची	– 1 चुटकी

विधि

1. दूध को उबाल कर उसमें नींबू का रस मिलाएं और तब तक चलाएं जब तक उसमें से मट्ठा अलग न हो जाए, तथा इसके गाढ़े भाग को बारीक कपड़े में बांधकर ठंडे पानी में 10 मिनट तक रखें। 15 मिनट तक बांध कर लटकाये रखें ताकि मट्ठा पूरी तरह निचुड़ जाए।
2. छैना, कोको, चीनी तथा इलायची मिलाकर मिक्सर में पीस लें तथा कड़ाही में डाल लें।
3. 3–4 मिनट तक पकाएं जब तक छैना सूखकर हल्का गाढ़ा न हो जाए।
4. इसमें बिस्कुट का चूरा तथा बादाम के टुकड़े करके ऊपर से बुरक दें।
5. इस मिश्रण को प्लेट में रखकर फ्रिज में परोसे जाने तक रखें।

संतरे की खीर

सामग्री

दूध	– 500 मिली लीटर (डबल टोंड)
चीनी	– 125 ग्राम
संतरे	– 4 मध्यम (बीज रहित)

विधि

1. हल्की आंच पर दूध उबालें जब आधा रह जाए तो आंच से उतार लें।
2. चीनी डालकर ठंडा होने के लिए फ्रिज में रखें।
3. छिले हुए संतरे डालकर, ठंडा करके परोसें।

मक्की की खीर

सामग्री

मक्की के दाने	– 2 कप
दूध	– 5 कप
इलायची पाउडर	– 1 चाय का चम्मच
गुलाब जल	– 2 चाय के चम्मच

विधि

1. दानों को मिक्सी में मोटा–मोटा पीस लें।
2. दूध उबाल कर उसमें ये दाने डाल लें। जब तक मिश्रण गाढ़ा न हो जाए, लगातार चलाएं।
3. पकने पर चीनी मिलाकर चलाएं।
4. अब इसे आंच से उतार कर ठंडा कर लें व गुलाब जल मिलाएं।
5. फ्रिज में आधा घंटा रखकर परोसें।

चॉकलेट जैली

सामग्री

कोको पाउडर	– 2 चम्मच
चीनी	– 2 चम्मच
वनीला अर्क	– ¼ चाय का चम्मच
सपरेटा दूध	– 800 मिली लीटर
जेलीटिन पाउडर	– 2 चाय के चम्मच
दही	– 2 चाय के चम्मच

विधि

1. कोको पाउडर, चीनी, वनीला तथा 3 चम्मच दूध को छोटे बर्तन में अच्छी तरह फेंट लें।
2. इसे बचे हुए दूध में मिलाकर उबालें।
3. जेलीटिन पाउडर को इसमें बुरकें तथा मिला लें।
4. इसे दो कटोरों में बांट कर अति ठंडा कर लें।
5. एक चम्मच दही ऊपर डालकर परोसें।

चॉकलेट जैली।

क्रंची ब्रैड पुडिंग

क्रंची ब्रैड पुडिंग

सामग्री

ब्राऊन ब्रैड	– 3–4 पीस
अनानास का जूस	– ½ कप
दूध	– 3 कप
कस्टर्ड पाउडर	– 3 चम्मच
चीनी	– 2½ चम्मच
केला	– 1
सेब	– 1
अंगूर	– ½ कप
चॉकलेट चिप बिस्कुट	– 2 (चूरा किया हुआ)

विधि

1. ब्रैड के किनारे काटकर तथा हर ब्रैड के चार भाग करके थाली में रखें तथा 5–6 चम्मच दूध में भिगो दें।
2. दूध तथा कस्टर्ड पाउडर मिलाकर कस्टर्ड बनाएं।
3. केला, सेब, अंगूर बारी–बारी से ब्रैड पर फैला लें।
4. गर्म कस्टर्ड इन फलों पर अच्छी तरह से डालें तथा ठंडा कर लें।
5. परोसते समय बिस्कुटों का चूरा ऊपर से बुरक लें।

सूजी की खीर

सामग्री

टोंड दूध	– 1 लीटर
सूजी	– 4 चम्मच
चीनी	– 4 चम्मच
वसा रहित दूध पाउडर	– 4 चम्मच
छोटी इलायची पाउडर	– ½ चाय का चम्मच

विधि

1. दूध पाउडर को आधा कप दूध में मिलाकर पेस्ट बना लें।
2. मध्यम आंच पर सूजी भूनें तथा प्लेट में रख लें।
3. बचे हुए दूध को उबालें, उसमें भूनी हुई सूजी तथा चीनी मिला लें तथा दूध का पेस्ट डालकर उबालें।
4. थोड़ी देर बाद उतार कर ठंडा कर लें। इसके ऊपर इलायची बुरक कर परोसें।

साबूदाने की खीर

सामग्री

दूध	– 1 लीटर (डबल टोंड)
साबूदाना	– 5 चम्मच
चीनी	– स्वादानुसार
वसा रहित दूध पाउडर	– 3 चम्मच
इलायची पाउडर	– ¼ चम्मच

विधि

1. साबूदाने को धोकर, प्लेट में फैला लें। आधा घंटे तक रखे रहने दें।
2. दूध पाउडर में ¼ कप दूध मिलाकर पेस्ट बना लें।
3. बचे हुए दूध को उबालें, इसमें साबूदाना मिलाकर मध्यम आंच पर क्रीमी होने तक गर्म करें।
4. पेस्ट मिलाकर पकने दें।
5. पक जाने पर इसे आंच से उतार लें तथा चीनी तथा इलायची पाउडर डालकर मिलाएं। ठंडा करते हुए कभी–कभी चला लें ताकि पपड़ी न जमे।
6. गर्म या ठंडा परोसें।

मैंगो वनीला बर्फी

सामग्री

छैना	– 1¼ कप (डबल टोंड दूध से बना)
चीनी	– ¼ कप
आम का अर्क	– 2 से 3 बूंद
पीला रंग	– 2 से 3 बूंद
वनीला अर्क	– 2 से 3 बूंद
केसर	– सजाने के लिए

विधि

1. चीनी और छैना मिलाकर हल्की आंच पर चलाएं।
2. जब छैना कड़ाही में किनारे छोड़ने लगे तो आंच से उतार लें।
3. एक भाग में आम का अर्क तथा पीला रंग अच्छी तरह मिला दें।
4. केक टीन के ऊपर प्लास्टिक शीट रखकर मैंगो संदेश इसके ऊपर फैला दें।
5. फ्रिज में कुछ समय रखने के बाद सांचे से निकाल लें तथा 10 टुकड़ों में काट लें।
6. केसर बुरक कर परोसें।

चॉकलेट, वनीला तथा पीच संदेश

सामग्री

छैना	– $1\frac{1}{4}$ कप (डबल टोंड दूध से बना)
चीनी	– $\frac{1}{4}$ कप
कोको पाउडर	– 1 चाय का चम्मच
वनीला अर्क	– कुछ बूंदें
पीच पेय पाउडर	– $\frac{1}{4}$ चाय का चम्मच
दूध	– 1 चम्मच

विधि

1. छैना को चीनी में मिला कर हल्की आंच पर कड़ाही में पकाएं।
2. जब यह मिश्रण कड़ाही के किनारे छोड़ने लगे तो समझना चाहिए कि संदेश तैयार है।
3. संदेश को तीन भागों में बांट दें।
4. एक भाग में कोको पाउडर तथा आधा चम्मच दूध अच्छी तरह मिलाएं।
5. चॉकलेट संदेश को दो प्लास्टिक शीटों के बीच आयाताकार रूप में रोल करें।
6. दूसरे भाग में वनीला अर्क मिलाएं। जरूरत हो तो आधा चम्मच दूध मिलाएं।
7. इसे भी दो प्लास्टिक शीटों के बीच आयताकार रूप में रखें।

8. तीसरे भाग में पीच पेय पाउडर मिलाएं।
9. वनीला संदेश को चॉकलेट संदेश के ऊपर रखें।
10. पीच संदेश के एक तरफ से चॉकलेट, वनीला संदेश के ऊपर रखें।
11. अच्छी तरह से रोल कर लें।
12. संदेश को प्लास्टिक फिल्म से कवर करके फ्रिज में 3 से 4 घंटे तक रखें।
13. प्लास्टिक फिल्म हटाकर संदेश के 10 पीस कर लें।

मंगोलियन राईस पुडिंग

सामग्री

ब्राऊन राईस (चावल)	– 4 चम्मच
दूध	– 2½ कप
चीनी	– 1½ कप
किशमिश	– ¼ कप
पानी	– 1 कप

विधि

1. चावल तथा पानी मिलाकर, जब तक पानी सूख न जाए तब तक पकाएं।
2. दूध तथा चीनी मिलाकर मिश्रण के गाढ़ा होने तक पकाएं।
3. किशमिश डालें।
4. गर्म–गर्म परोसें। इलायची स्वाद के लिए बुरक लें।

जूसी फ्रूट जेली

सामग्री

अनानास जेली	– 170 ग्राम
अनानास जूस	– 500 मिली लीटर
पानी	– 400 मिली लीटर
हरे अंगूर	– 3/4 कप
काले अंगूर	– 3/4 कप
कीवी	– 1
सेब	– 1
संतरा	– 1
दूध	– ½ लीटर (डबल टोंड)
कस्टर्ड पाउडर	– 3 चम्मच
चीनी	– 3 चम्मच
वनीला अर्क	– ¼ चाय का चम्मच

विधि

1. पानी उबालकर आंच से उतार लें। इसमें जेली मिला लें तथा 2 मिनट तक छोड़ दें। अब इसे अच्छी तरह मिलाएं।
2. जूस डालकर अच्छी तरह मिलाएं तथा फ्रीज़र में रखकर जमा लें।
3. थोड़ा जमने के बाद मैश कर लें तथा इसमें फल मिला लें।
4. ढक कर परोसने के समय तक फ्रिज में रखें।
5. वनीला अर्क मिलाकर कस्टर्ड बना लें।
6. फ्रूट जेली परोसते समय कस्टर्ड भी अलग बर्तन में परोसें।

फिरनी

सामग्री

सपरेटा दूध	– 4 कप
बासमती चावल	– ¼ कप
चीनी	– 1½ चाय के चम्मच
इलायची	– 2–3
सिल्वर शीट्स	– 2 छोटे

विधि

1. चावलों को एक घंटे तक पानी में भिगोएं। 4 से 5 चम्मच पानी में चावलों को पीसकर पेस्ट बना लें।
2. दूध उबाल कर इसमें पेस्ट मिला लें और मध्यम आंच पर क्रीमी होने तक पकाएं।
3. अब इसमें चीनी मिलाकर चलाएं। चीनी घुलने के बाद जब एक उबाल आ जाए तब इसे आंच से उतार लें। अब इसमें स्ट्राबेरी कुचलकर मिश्रण में मिलाएं।
4. मिश्रण को 6 छोटे प्यालों में डाल लें।
5. हर प्याले को सिल्वर शीट से सजाएं। चिल्ड परोसें।

सेब तथा खजूर पुडिंग

सामग्री

स्पांज केक	– 1
सेब	– 2 (छीलकर कसे हुए)
नींबू का रस	– 1 चाय का चम्मच
चीनी	– 3 चम्मच
दालचीनी पाउडर	– 1 चाय का चम्मच
खजूर	– 100 ग्राम
मक्के का आटा	– 1 चाय का चम्मच

विधि

1. स्पांज केक तैयार कर लें या बना बनाया खरीद कर इसे दो भागों में काट लें।
2. थाली में एक भाग रख लें तथा 4–5 चम्मच दूध डालकर इसे भिगो लें। दूसरा भाग भी प्लेट में रख लें तथा इसे भी दूध से भिगो लें।
3. अब कद्दूकस किए हुए सेब को, नींबू का रस, दालचीनी तथा ¼ कप पानी को मिलाकर कड़ाही में डालकर मध्यम आंच पर 5–7 मिनट तक पका कर सुखा लें।
4. पके हुए सेब को भीगे हुए केक पर फैला लें।
5. दूसरे भीगे हुए केक को उसके ऊपर रख कर धीरे से दबाव दें।
6. खजूर को आधा कप पानी में उबाल कर चटनी बना लें।
7. चटनी को केक के ऊपर डालकर ढक लें तथा परोसने से पहले अच्छी तरह ठंडा कर लें।

चाईना ग्रास पुडिंग

सामग्री

चाईना ग्रास	– 6 चाय के चम्मच
दूध	– 2 कप (डबल टोंड)
खजूर के टुकड़े	– 50 ग्राम
सूखी खुमानी	– 50 ग्राम
सेब	– 1
संतरे का जूस	– 1 चाय का चम्मच

विधि

1. एक कप दूध में चाईना ग्रास डालकर मिलाएं।
2. बचे हुए दूध को मिश्रण में डाल लें तथा आंच से उतार लें, फिर इसमें फल मिला दें।
3. इसे एक कटोरे में डालकर ठंडा कर लें।

चीनी आधारित

मिठाइयां

सिज़लिंग जामुन

सामग्री

पनीर	– 200 ग्राम
बूरा चीनी	– 5 चम्मच
दानेदार चीनी	– 3/4 कप
इलायची पाउडर	– ¼ चाय का चम्मच
केसर रंग	– एक चुटकी
गुलाब अर्क	– कुछ बूंदें

विधि

1. पनीर मैश कर लें। इसमें बूरा चीनी, गुलाब अर्क तथा इलायची पाउडर मिला दें।
2. अब इसे मध्यम आंच पर पकाएं।
3. केसर रंग डालकर इसके छोटे–छोटे लड्डू बना लें और ठंडा करके परोसें।

चोको पनीर

सामग्री

पनीर	– 1 लीटर सपरेटा दूध से बना
कोको पाउडर	– 1 चाय का चम्मच
वनीला अर्क	– 2–3 बूंद
बूरा	– 3 चम्मच
चांदी के वर्क	

विधि

1. पनीर को दो भागों में बांट कर 1¼ चम्मच चीनी तथा अर्क एक भाग पनीर में अच्छी तरह मिला लें।
2. इसी तरह दूसरे भाग में भी इतनी ही चीनी तथा कोको पाउडर मिला लें।
3. प्लेन पनीर लेकर समतल कर लें। इसमें चोको संदेश रखकर लड्डू बना लें। इसी तरह अन्य लड्डू बनाएं तथा चांदी वर्क लगाएं।

चेरी जैम

सामग्री

चेरी	– 250 ग्राम
चीनी	– 100 ग्राम
साइट्रिक एसिड	– 5 ग्राम
पानी	– 50 मिली लीटर

विधि

1. चेरी के बीज निकालकर टुकड़े कर लें।
2. पानी में उबालें, मुलायम होने पर धो लें।
3. चीनी डालकर पकाएं।
4. जब गाढ़ा होने लगे तो साइट्रिक एसिड मिलाएं।
5. बड़े मुंह के बर्तन में डालकर सील बंद करें तथा ठंडे स्थान पर रखें।

शाही सूजी हलवा

सामग्री

सूजी	– 50 ग्राम
चीनी	– 35 ग्राम
पानी	– 50 मिली लीटर
इलायची	– 1

विधि

1. सूजी को पानी में भिगोएं।
2. कड़ाही में चीनी तथा इलायची कुचल कर डालें और सूजी से फालतू पानी निकालकर तुरंत चीनी में मिलाएं।
3. लगातार चलाते रहें ताकि गांठे न पड़े।
4. गरम–गरम परोसें।

सीताफल का हलवा

सामग्री

पीला सीताफल	– 300 ग्राम
चीनी	– 55 ग्राम
इलायची	– 2–3

विधि

1. सीताफल छील कर धोएं तथा कद्दूकस करें।
2. गर्म कड़ाही में सीताफल तथा इलायची डालें।
3. दो मिनट पकाने के बाद 3–4 चम्मच पानी डालकर पकाएं।
4. चीनी डालकर लगातार चलाएं जब तक यह गाढ़ा न हो जाए। गर्म–गर्म परोसें।

आलू का हलवा

सामग्री

आलू	– 150 ग्राम
चीनी	– 30 ग्राम
हरी इलायची	– 2–3

विधि

1. आलू धोकर उबालें।
2. छीलकर धोएं तथा मैश कर लें।
3. गर्म नॉन स्टिक कड़ाही में मैश किए हुए आलू को डालें तथा चलाएं। जब जरूरत हो पानी छिड़कें।
4. चीनी डालकर पकाएं तथा चलाते रहें।
5. आंच से उतार लें। इलायची बुरक लें तथा गर्म–गर्म परोसें।

मूंग की दाल का हलवा

सामग्री

मूंग की दाल	– 125 ग्राम
चीनी	– 70 ग्राम
सूखे खजूर	– 4
इलायची पाउडर	– 1 चाय का चम्मच
गुलाब अर्क	– कुछ बूंदें

विधि

1. खजूर को 15 मिनट तक पानी में भिगो कर रखें। इसके बाद पानी मिलाकर इसके छोटे–छोटे टुकड़े कर लें।
2. दाल को रात भर पानी में भिगो कर रखें और सुबह इसे पीस लें।
3. दाल को भूनें। इसमें चीनी मिलाएं। तब तक चलाएं जब तक चीनी घुल न जाए।
4. गुलाब अर्क तथा इलायची मिलाएं। गर्म–गर्म या ठंडा करके वर्क लगाकर परोसें।

कटहल का हलवा

सामग्री

पका हुआ कटहल	– 500 ग्राम
चीनी	– 250 ग्राम
पीला रंग	– कुछ बूंदें
केसर अर्क	– कुछ बूंदें
चांदी का वर्क	

विधि

1. कटहल में से बीज निकाल कर कटहल के छोटे–छोटे टुकड़े कर लें।
2. आधा कप पानी में चीनी डालकर एक तार की चाश्नी बना लें।
3. इसमें कटहल डालकर गाढ़ा होने तक पकाएं।
4. रंग डालकर चलाते रहें, जब तक पानी सूख न जाए।
5. केसर डाल कर आंच से उतार लें। चांदी के वर्क से सजाकर परोसें।

मीठी इडली

सामग्री

उड़द की दाल	– 1 कप
चावल	– 1 कप
मीठा सोडा	– एक चुटकी
चीनी	– 1 कप
इलायची पाउडर	– 1 चाय का चम्मच

विधि

1. कुछ घंटों तक दाल व चावल को पानी में भिगोएं।
2. दोनों को इकट्ठा पीस लें। इसमें सोडा व नमक मिलाकर थोड़ी देर के लिए अलग रख दें।
3. कम आंच पर चीनी पिघला लें तथा मिश्रण में मिला लें।
4. मिश्रण को इडली आकार दें।
5. इसे भाप में पकाकर परोसें।

रोज़ दलिया

सामग्री

गेहूं	– 250 ग्राम
जैगरी/गुड़	– 250 ग्राम
पोस्त के बीज	– 1 चाय का चम्मच
इलायची पाउडर	– 1 चाय का चम्मच
गुलाब अर्क	– ¼ चाय का चम्मच
गुलाब की पंखुड़ी	– कुछ

विधि

1. कड़ाही में गेहूं को भूनें।
2. दो गिलास पानी में जैगरी घोलें तथा भुने हुए गेहूं में मिला दें।
3. इलायची पाउडर डाल कर उबालें, फिर कम आंच पर तब तक पकाएं जब तक गेहूं सूख न जाए।
4. पोस्त के बीज तथा अर्क मिलाएं। आंच से उतारकर गुलाब की पत्तियां डालकर परोसें।

एप्पल गोल्ड टॉप

सामग्री

कच्चे सेब	– 4 छोटे आकार के
चीनी	– 120 ग्राम
शहतूत जैम	– 4 चम्मच
अंडे का सफेद भाग	– 2
केस्टर शुगर	– 20 ग्राम
ग्लेस चेरी	– 4
मैदा	– 1 चाय का चम्मच

विधि

1. सेबों के छिलके उतारकर, अंदर का गूदा निकाल लें तथा इसे खोखला कर लें।
2. पानी में चीनी घोल लें तथा सेबों को इसमें डालें।
3. कुछ देर बाद इन सेबों को निकाल लें और थाली में मैदा छिड़क कर उसमें सेबों को व्यवस्थित करके रखें।
4. सेबों के अंदर जैम भर लें।
5. अंडे के सफेद भाग में केस्टर शूगर डालकर खूब फेंटे। बची हुई शुगर में फोल्ड करके मेरिंगू बना लें।
6. सेबों में मेरिंगू डालें। 300^0 F तापमान में पकाएं।
7. ग्लेस चेरी से सजाकर परोसें।

फ्रूट क्रीम

सामग्री

मिक्स फ्रूट	– 1 कटोरी
पानी रहित दही	– 1 कटोरी
चीनी	– आवश्यकतानुसार

विधि

1. दही में चीनी मिला कर क्रीमी होने तक फेंटे।
2. फिर इसमें सब फल मिला दें।
3. फ्रिज में ठंडा करें और परोसें।

फ्रूट क्रीम

बेसन का लड्डू

बेसन का लड्डू

सामग्री

बेसन	– 1 कप
सूजी	– ¼ कप
चीनी	– 3/4 कप
हल्दी	– एक चुटकी
इलायची	– 2–3

विधि

1. चीनी की चाश्नी बनाएं।
2. बेसन तथा सूजी मिलाकर हल्की आंच पर भूनें।
3. आंच से उतारकर हल्दी तथा इलायची पाउडर चूर्ण मिलाकर थोड़ा ठंडा होने दें।
4. लड्डू बनाकर परोसें।

सेब का मुरब्बा

सामग्री

सेब	– 1 किलो ग्राम
चीनी	– 1¼ किलो ग्राम
पानी	– 750 मिली लीटर
साइट्रिक एसिड	– 4 ग्राम

विधि

1. सेब धो कर छील लें और उनको लंबाई में काट कर गोद लें।
2. चीनी की चाश्नी बना लें।
3. इस चाश्नी में सेब डालकर हल्की आंच पर पकाएं। जब यह एक तार की हो जाए तो इसे आंच से उतार लें तथा रात भर रखे रहने दें।
4. दूसरे दिन भी ऐसा ही करें।
5. तीसरे दिन भी चाश्नी के गाढ़ा होने तक पकाएं।
6. ठंडा करके जार में भर कर रख दें।

फ्रूटी संडे

सामग्री

चीनी	– 50 ग्राम
सेब	– 1
पानी	– 10 मिली लीटर

फ्रूटी चटनी

मक्के का आटा	– 1 चाय का चम्मच
पानी	– 2 चाय के चम्मच
फ्रूटी सीरप	– 2 चाय के चम्मच
शहतूत जैम	– 2 चाय के चम्मच

विधि

चटनी

1. चटनी बनाने के बर्तन में फ्रूट सीरप और शहतूत जैम मिलाकर चलाएं।
2. मक्के के आटे में पानी मिलाकर मिश्रण में मिलाएं।
3. मिश्रण गाढ़ा होने तक पकाएं। चटनी को प्रयोग करने से पहले ठंडा कर लें।

संडे

1. चीनी की चाश्नी बनाएं।
2. सेब का छिलका उतारकर उसके टुकड़े कर लें।
3. सेब के टुकड़ों को चाश्नी में डालें। इसे ढककर 10 मिनट तक पकाएं।
4. कटोरे में सेब डालकर ऊपर से फ्रूटी चटनी डालें तथा परोसें।

स्वादिष्ट मैंगो मैजिक

सामग्री

मैदा	– 50 ग्राम
अंडों की सफेद जर्दी	– 4
केस्टर शुगर	– 30 ग्राम
मैंगो	– 1
सेब	– 1
बेकिंग पाउडर	– 1 चाय का चम्मच
कुचली खजूर	– 25 ग्राम

विधि

1. केक टिन तैयार करें।
2. मैदा छान लें। अंडे के सफेद भाग को फेंट लें।
3. इसमें केस्टर शुगर मिलाएं। डबल बायलर में अच्छी तरह मिलाएं।
4. आटा, अंडा तथा चीनी मिश्रण मिलाएं।
5. आम तथा सेब की प्यूरी बनाकर इस मिश्रण में मिलाएं।
6. मिश्रण को तैयार केक टिन में डालें। पकाएं व परोसें।

फ्रूट सरप्राईज़

सामग्री

जेलीटिन	– ¼ कप
सेब	– कुछ टुकड़े
संतरा	– कुछ टुकड़े
पपीता	– कुछ टुकड़े
अंगूर	– कुछ टुकड़े
चीनी	– 4–5 चाय के टुकड़े

विधि

1. आधा लीटर गर्म पानी में जेलीटिन डालें।
2. इसे अच्छी तरह मिलाकर ठंडा कर लें।
3. ठंडा होने के बाद फ्रुट मिला लें तथा ठंडा करने के लिए फ्रीज़र में रख दें। फिर परोसें।

मसालेदार सिरप में संतरा

सामग्री

संतरे	– 2
संतरा जूस	– 1 कप
चीनी	– 2½ चम्मच
लौंग	– 10–12
काली मिर्च	– ½ चाय का चम्मच
इलायची	– 2
नींबू का रस	– 2 चम्मच
स्टॉर्च	– 1 चाय का चम्मच

विधि

1. लौंग, काली मिर्च, इलायची, चीनी, नींबू का रस तथा स्टार्च 2 कप पानी के साथ एक बर्तन में डालें।
2. ढककर उबालें, जब तक तरल पदार्थ जल न जाए।
3. आंच से उतार कर इसमें संतरे का जूस मिलाएं तथा ठंडा करके महीन कपड़े में छान लें।
4. कटोरे में संतरे के टुकड़े रखें तथा इनके ऊपर यह सीरप डालें फिर परोसें।

भरवां नाशपाती

सामग्री

नाशपाती	– 6 बड़ी
काले अंगूर	– ¼ कप
दही	– 1 कप
चीनी	– 1 चाय का चम्मच
नमक, काली मिर्च	– स्वादानुसार

विधि

1. महीन कपड़े में दही तीन घंटे तक बांध कर रखें।
2. नाशपाती छीलकर दो हिस्सों में काट लें। इनका अंदर का स्क्रेप निकाल लें जिससे नाशपाती कप की तरह नजर आए।
3. अंगूरों को काट लें।
4. दही में चीनी तथा नमक मिलाएं।
5. अंगूर तथा दही के मिश्रण को नाशपाती के कप में रखें और ठंडा करके परोसें।

विंटर डिलाईट

सामग्री

ताजे खजूर कतरे हुए	– 2 कप
गेहूं का आटा	– 2 चम्मच
बड़ी इलायची	– 12
केस्टर शुगर	– 1 चाय का चम्मच

विधि

1. आटा भून लें।
2. इलायची का पाउडर बना लें।
3. खजूर, आटा तथा इलायची मिला लें। इसमें केस्टर शुगर डालें तथा मिश्रण को बराबर भागों में बांट दें।
4. छोटे–छोटे लड्डू बना कर गर्म परोसें।

आम पापड़

सामग्री

पके हुए आम	– ½ किलो
चीनी	– 75 ग्राम
सौंफ	– 2 चाय के चम्मच
बटर पेपर	

विधि

1. आम का गूदा निकाल कर उसे कड़ाही में पकाएं।
2. अब इसमें चीनी मिलाकर चलाएं और आंच से उतारकर सौंफ डालें।
3. बटर पेपर पर मिश्रण को फैलाएं। जब सूख जाए तो प्रयोग करें।

करेला मिठाई

सामग्री

करेला	– 250 ग्राम
चीनी	– 125 ग्राम
पोस्त	– 30 ग्राम
शहद	– 2 चाय के चम्मच
सौंफ	– 2 चाय के चम्मच
पानी	

विधि

1. करेलों को बीच से चीरकर बीज निकाल लें।
2. एक चुटकी नमक पानी में डालकर उबालें। थोड़ा उबालने के बाद वह पानी निकाल दें।
3. पोस्त तथा सौंफ इकट्ठे पीस कर पेस्ट बना लें। इसमें शहद मिलाकर करेलों में भर लें।
4. चीनी की चाश्नी बनाकर इसमें करेले डालें।
5. सौंफ का पाउडर बुरक कर परोसें।

आम का मुरब्बा

सामग्री

आम	– 1 किलो ग्राम
चीनी	– 1¼ किलो ग्राम
पानी	– 750 मिली लीटर
साइट्रिक एसिड	– 4 ग्राम

विधि

1. आमों को धोकर छिलका उतार लें और बड़े टुकड़ों में काटकर, कांटे से गोद लें।
2. चीनी की चाश्नी बना लें।
3. इसमें आम डालकर हल्की आंच पर पकाएं। जब चाश्नी एक तार की हो जाए तो आंच से उतार लें तथा रात भर रखें।
4. दूसरे दिन भी यही प्रक्रिया अपनाएं।
5. तीसरे दिन भी चाश्नी के गाढ़ा होने तक पकाएं।
6. ठंडा करके जार में भर लें।

बेर का जैम

सामग्री

बेर	– 1¼ किलो ग्राम
चीनी	– 1 किलो ग्राम
पानी	– 300–400 मिली लीटर

विधि

1. बेरों को धो लें तथा बीज निकाल लें।
2. इन्हें हल्की आंच पर पानी में उबालें।
3. इसमें चीनी मिलाएं तथा गाढ़ा होने तक पकाएं।

अनानास का जैम

सामग्री

अनानास	– 1½ किलो ग्राम
सेब	– 250 ग्राम
चीनी	– 800 ग्राम
साइट्रिक एसिड	– 5 ग्राम
पानी	– 100 मिली लीटर

विधि

1. अनानास तथा सेबों को छीलकर कद्दूकस कर लें।
2. इन्हें इकट्ठा पानी में पकाएं तथा मुलायम होने पर मैश कर लें।
3. चीनी तथा साइट्रिक एसिड मिलाकर लगातार चलाते रहें।
4. मिश्रण बनने तक पकाएं।
5. गर्म जैम को कीटाणु रहित बोतल में डालकर ठंडा कर लें।
6. हवा रहित सील करके ठंडी जगह पर रखें।

अदरक का मुरब्बा

सामग्री

अदरक	– 1 किलो ग्राम
चीनी	– 1¼ किलो ग्राम
चीनी (परत के लिए)	– 200 ग्राम
पानी	– 750 मिली लीटर
साइट्रिक एसिड	– 4 ग्राम

विधि

1. अदरक को खुरचकर गोलाकार में काटें।
2. अदरक को मुलायम होने तक उबालें तथा उसका पानी निचोड़ लें।
3. पानी, चीनी तथा साइट्रिक एसिड मिलाकर चाश्नी बना लें तथा पतली छलनी में छान लें।
4. अदरक के टुकड़ों को चाश्नी में डालें तथा लगातार पकाएं जब तक चाश्नी एक तार की न बन जाए। रात भर इसे रखा रहने दें।
5. अगले दिन फिर 10–15 मिनट तक पकाएं। दुबारा रात भर रखे रहने दें।
6. तीसरे दिन भी पकाएं। जब चाश्नी तीन तार की हो जाए तो आंच से उतार लें। केस्टर शुगर में रोल कर लें।
7. साफ बोतल में डालकर बंद कर दें।

गाजर का मुरब्बा

सामग्री

गाजर	– 1 किलो ग्राम
चीनी	– 1¼ किलो ग्राम
पानी	– 750 मिली लीटर
साइट्रिक एसिड	– 4 ग्राम

विधि

1. गाजर धो लें तथा खुरच लें। तथा बड़े–बड़े टुकड़ों में काट लें। फिर उन्हें गोद दें।
2. पानी में इन गाजरों को 2–3 मिनट तक उबालें। फिर ठंडे पानी में डिप कर लें।
3. पानी, साइट्रिक एसिड तथा चीनी की चाश्नी बना लें तथा महीन छलनी में छान लें।
4. इसमें गाजर के टुकड़े डाल लें तथा हल्की आंच पर पकाएं। एक तार की चाश्नी होने पर आंच से उतार लें और रात भर रखे रहने दें।
5. यही प्रक्रिया दूसरे दिन भी करें।
6. तीसरे दिन भी गर्म करें, चाश्नी गाढ़ी होने पर ठंडा कर लें तथा कंटेनर में डाल कर रखें।

खजूर शहद पिज़्ज़ा

सामग्री

ब्राऊन ब्रैड	– 2 पीस
मैदा	– 30 ग्राम
पानी	– ½ कप
खजूर	– 3–4
चीनी	– 20 ग्राम
शहद	– सजाने के लिए
इलायची पाउडर	– 2 चाय के चम्मच
चेरी	– 2–3

विधि

1. खजूर का गूदा निकालकर पेस्ट बना लें।
2. मैदा और पानी का पेस्ट बना लें तथा पहले वाले पेस्ट में मिला दें।
3. पतली चाश्नी बना लें तथा ब्रैड के ऊपर डालें।
4. मैदा मिश्रण को ब्रैड के ऊपर फैला लें। शहद, चेरी व इलायची से सजाएं।
5. ओवन में 150^0 तापमान पर 5 मिनट तक पकाएं और गर्मा गर्म परोसें।

खजूर शहद पिज़ा

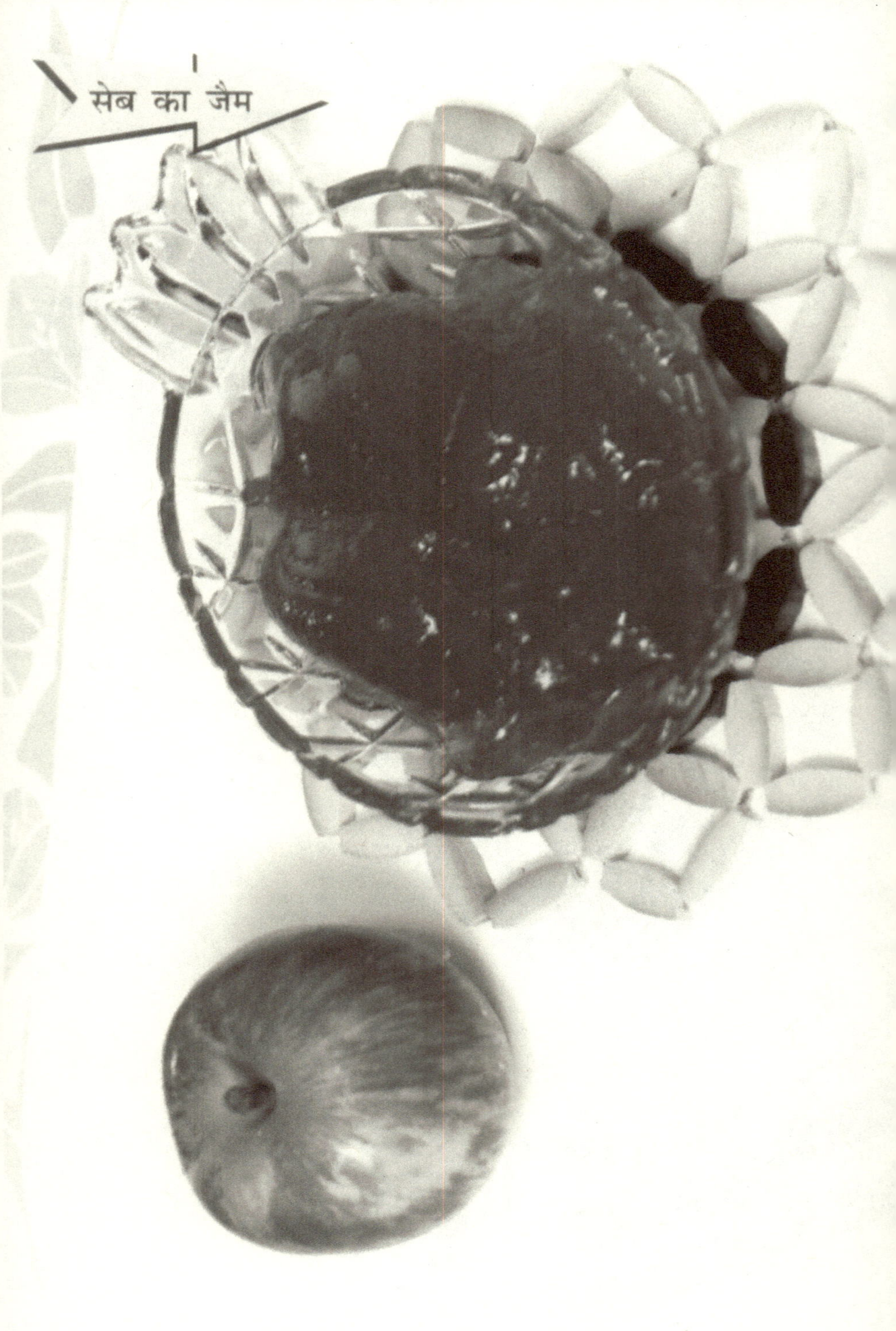
सेब का जैम

सेब का जैम

सामग्री

सेब	– 1¼ किलो ग्राम
चीनी	– 1 किलो ग्राम
साइट्रिक एसिड	– 1 चाय का चम्मच
पानी	– 250 मिली लीटर

विधि

1. सेब धोकर छील लें तथा उसके बीज निकाल लें।
2. सेब को छोटे टुकड़ों में काट लें और पानी में डालकर पकाएं जब तक वह मुलायम न हो जाए। फिर मैश करके उसका गूदा निकाल लें।
3. अब इसमें चीनी डालकर पकाएं।
4. मिश्रण के गाढ़ा होने तक पकाएं।
5. साफ जार में जैम डाल दें तथा ठंडा होने दें।
6. ढक्कन अच्छी तरह बंद करके ठंडी जगह पर रखें।

खजूर जैम

सामग्री

खजूर	– 1¼ किलो ग्राम
जीरा	– 5 ग्राम
किशमिश	– 10–12
आम पापड़ (मीठा)	– 250 ग्राम
नमक	– 1 चुटकी
सौंफ	– 2–3 ग्राम
चीनी	– 200 ग्राम

विधि

1. खजूर धोकर बीज निकाल लें।
2. आम पापड़ को छोटे–छोटे टुकड़ों में काट लें।
3. सौंफ को भूनें। उसमें खजूर डालकर थोड़ी देर पकाएं फिर उसमें आम पापड़ तथा नमक डालें।
4. किशमिश तथा जीरा पाउडर डालकर चलाएं।
5. चीनी डालकर, घुलने तक पकाएं।
6. आंच से उतारकर जार में डालकर सील बंद करके ठंडी जगह पर रखें।

मैंगो जैम

सामग्री

आम	– 1½ किलो ग्राम
चीनी	– 1 किलो ग्राम
पानी	– 250 मिली लीटर

विधि

1. आम धोकर छिलका उतार लें।
2. गुठली निकालकर मैश करें और उकसा गूदा बना लें।
3. चीनी डालकर पकाएं तथा चलाते रहें।
4. मिश्रण गाढ़ा होने तक पकाएं।
5. कंटेनर में उड़ेल कर ठंडा होने दें।
6. सील बंद करके, ठंडी जगह पर रखें।

मेथी के लड्डू

सामग्री

मेथी दाना	– 750 ग्राम
गेहूं का आटा	– 250 ग्राम
चीनी	– 400 ग्राम
किशमिश	– 5–6
पानी	– 1½ लीटर
बटर पेपर	

विधि

1. मेथी को रात भर भिगो कर रखें। इसका पानी निकाल कर, साफ पानी में उबालें। इस पानी को भी निकाल दें। दुबारा उबालें और पानी निकाल दें।
2. अब मेथी पीस लें।
3. आटे को भूरा होने तक भूनें।
4. मेथी पेस्ट को भी भूरा होने तक भूनें।
5. इसमें भुना आटा तथा कुछ किशमिश डालकर आधा मिनट भूनें।
6. चीनी डाल कर घुल जाने पर आंच से उतार लें।
7. बटर पेपर पर फैला लें। जब ठंडा होने लगे तो लड्डू बना लें।

ऐप्पल लेमोनी

सामग्री

सेब	– 1 किलो ग्राम
पानी	– 3 चम्मच
केस्टर शुगर	– 120 ग्राम
जैम	– 2 चम्मच
अंडे का सफेद भाग	– 2
बंद	– 1
नींबू	– 1

विधि

1. सेब धो कर छिलका न उतारें पर बीज निकाल लें।
2. पानी में मुलायम होने तक उबालें।
3. सेब की प्यूरी बना कर 2 चम्मच केस्टर शूगर तथा नींबू मिलाएं।
4. बंद को बीच से अलग कर लें जिससे दो बंद हो जाएं। उनके ऊपर चम्मच से सेब प्यूरी फैला लें।
5. अंडें के सफेद भाग को और बची हुई दो चम्मच केस्टर शुगर डालकर अच्छी तरह फेंटें जब तक मिश्रण गाढ़ा न हो जाए।
6. आईसिंग बैग से सेब के ऊपर डिजाइन बनाएं।
7. 300^0 F तापमान पर 20 मिनट पकाएं।
8. ठंडा करके परोसें।

टोप्ड सेब

सामग्री

सेब	– 3
पानी	– 3 कप
चीनी	– 4 चम्मच
नींबू रस	– 1 चाय का चम्मच
दाल चीनी	– ½ चम्मच
एप्पल सीरप	– 3 कप
चीनी	– 3 चम्मच
कस्टर्ड पाउडर	– 3 चम्मच

विधि

1. सेब का छिलका उतारकर, दो भागों में काट लें तथा बीज निकाल लें।
2. पानी में चीनी, नींबू तथा दालचीनी डालकर उबालें फिर उसमें सेब डालकर मुलायम होने तक पकाएं।
3. इस चाश्नी में से सेब निकाल कर थाली में रख लें।
4. आधा कप चाश्नी में कस्टर्ड पाउडर घोल लें। बची हुई चाश्नी में चीनी डालकर उबालें।
5. कस्टर्ड को इसमें डाल लें तथा लगातार चलाएं।
6. चाश्नी के गाढ़ा होने तक उबालें।
7. चाश्नी को एप्पल पर डालकर, ठंडा करके परोसें।

मैंगो स्कफल

सामग्री

जेलीटिन	– 40 ग्राम
पानी	– ¼ कप
आम का गूदा	– 1½ कप
चीनी	– 8 चम्मच
अंडे का सफेद हिस्सा	– 8
ग्राउंड शुगर	– 150 ग्राम
वनीला अर्क	– 1 चम्मच
पुदीना	– आवश्यकतानुसार
एक आम की कटी हुई फांकें	

विधि

1. गर्म पानी में जेलेटिन घोलें फिर उसे ठंडा कर लें।
2. इसमें चीनी तथा आम का गूदा डालकर फ्रिज में थोड़ा जम जाने तक रखें।
3. अंडे, ग्राउंड शुगर तथा वनीला अर्क से मेरिंगू बना लें।
4. मेरिंगू को फोल्ड करके मिश्रण में डालें।
5. थाली में डालकर फ्रिज में रखें।
6. जम जाने पर आम की फांकें ऊपर व्यवस्थित करें।

स्वीट व्हीट

सामग्री

गेहूं का चूरा	– 50 ग्राम
चीनी	– 25 ग्राम
गुड़	– 10 ग्राम

विधि

1. गेहूं के चूरे को भून लें।
2. चीनी तथा गुड़ मिलाकर चाश्नी बनाएं तथा भूने हुए चूरे में मिला दें।

स्वीट क्वीट

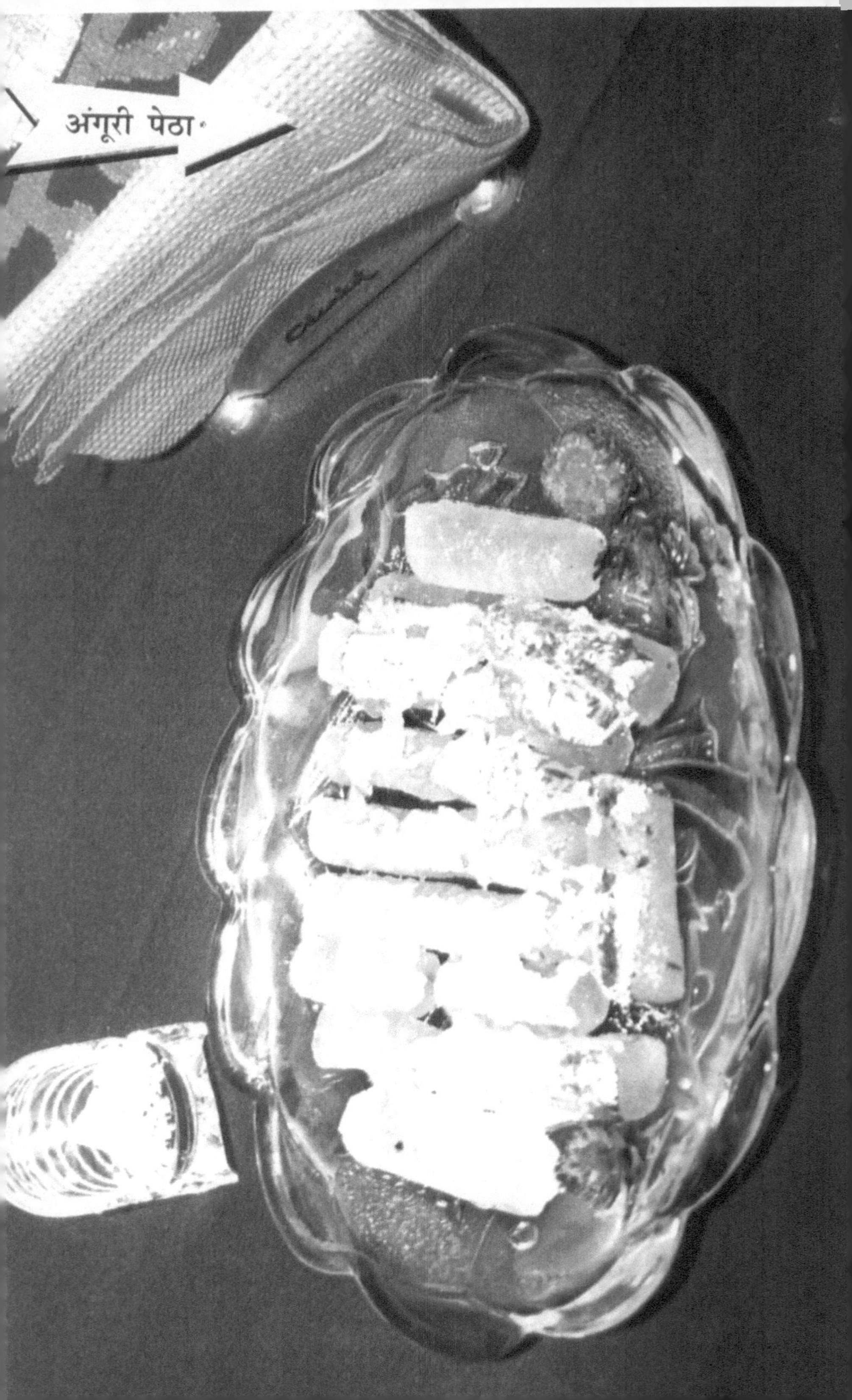
अंगूरी पेठा

अंगूरी पेठा

सामग्री

सफेद कद्दू	– 1 किलो ग्राम
चीनी	– 3/4 किलो ग्राम
बड़ी इलायची पाउडर	– 1 चम्मच
पीला रंग	-- कुछ बूंदें
केवड़ा अर्क	– ½ चाय का चम्मच
पान का चूना	– ¼ चाय का चम्मच

विधि

1. कद्दू छील कर छोटे–छोटे टुकड़ों में काट लें।
2. सूई की मदद से हर टुकड़े सब तरफ गोद दें।
3. गर्म पानी के पतीले में चूना घोल दें तथा पेठों के ऊपर डाल दें।
4. एक घंटा रखने के बाद साफ पानी से अच्छी तरह धोयें।
5. अब इसे साफ पानी में उबालें।
6. दो कप पानी में चीनी डालकर पतले चाश्नी बनाएं। इसमें पेठा, रंग, इलायची डालकर पकाएं।
7. आंच से उतार कर केवड़ा अर्क डालें। ठंडा करके इसक ऊपर चांदी वर्क लगाएं।

लौकी के लच्छे

सामग्री

लौकी (घिया)	– 500 ग्राम
चीनी	– 250 ग्राम
गुलाब का अर्क	– ¼ चाय का चम्मच
इलायची	– 1 चाय का चम्मच
चांदी वर्क	
गुलाब पंखुड़ी	

विधि

1. लौकी का छिलका उतार कर कद्दूकस कर लें।
2. चीनी की चाश्नी बनाएं। इसमें लौकी डाल लें और गाढ़ा होने तक पकाएं।
3. आंच से उतार कर बची हुई सामग्री डाल दें। कुछ घंटों बाद परोसें।

श्रीखंड

सामग्री

योगर्ट	– 250 ग्राम
केस्टर शुगर	– 50 ग्राम
केसर की पंखुड़ी	– 10
जायफल	– ¼ चाय का चम्मच
शहद	– 1 चम्मच
दूध	– 1 चम्मच

विधि

1. दूध में केसर भिगोएं तथा ढककर रख दें।
2. कटोरे में योगर्ट, चीनी और शहद अच्छी तरह मिलाएं।
3. इसमें जायफल मिलाएं।
4. ठंडा किया हुआ परोसें।

अनानास डिलाईट

सामग्री

अनानास जैली	– 90 ग्राम
वसा रहित दूध पाउडर	– 1 कप
अनानास	– 5 फांकें
अनानास सिरप	– 1 कप
बूरा चीनी	– 2 चाय के चम्मच
जेलेटिन	– 2 चम्मच
चेरी	– 5–6

विधि

1. एक कप गर्म पानी में जैली घोल लें तथा फ्रिज में ठंडा कर लें।
2. चार चम्मच पानी में जेलेटिन भिगोएं। कटोरे को गर्म पानी के कंटेनर में रखें। जेलेटिन घुल जाए तो दूध का पाउडर, सीरप और बूरा मिला लें। मिश्रण को मथ लें। फिर इसे अधजमी जैली में मिलाकर मथें।
3. अनानास की फांकें इसमें मिला दें। बड़े शीशे के कटोरे में डालें तथा फ्रिज में रखें। जम जाने पर चेरी बुरकें तथा परोसें।

क्लियर औरेंज मार्मालेड

सामग्री

संतरे	– 1 किलो ग्राम
पानी	– 2.5 लीटर
चीनी	– 2.5 किलो ग्राम
2 नींबू का रस	

विधि

1. संतरों को छील लें।
2. संतरों की फांकों से परत हटाकर गूदा निकाल लें।
3. गूदा कुचलकर महीन कपड़े में बांध लें।
4. छिलके के छोटे–छोटे टुकड़े कर लें तथा कड़ाही में डाल लें। इसमें आधा पानी तथा नींबू का जूस मिलाएं।
5. कम आंच पर दो घंटे तक उबालें। जब तक छिलके मुलायम न हो जाएं।
6. इनको दूसरे बर्तन में बचे हुए पानी में एक घंटे तक ढक कर कम आंच पर उबालें।
7. गूदे को छानकर पानी निकाल लें तथा छिलके वाले बर्तन में मिला दें।
8. मार्मालेड मिश्रण को उबाल कर चीनी मिलाएं और जमने तक उबालें।
9. अब इसे कंटेनर में डालें तथा ठंडा होने दें। फिर सील बंद कर दें।

केरामेलाइज़्ड संतरे

सामग्री

संतरे	– 3 (छिले हुए तथा लंबाई में कटे हुए)
चीनी	– ½ कप
काले अंगूर / चेरी	– थोड़े से
पुदीना	– कुछ पत्तियां सजाने के लिए

विधि

1. संतरों को छीलकर इनमें से सफेद परतें निकाल दें। पूरा संतरा गोलाई में तीन फांकों में काटें तथा कांटे की मदद से बीज निकाल लें एवं व्यवस्थित करके ओवन में रखें।
2. चेरी या अंगूरों को संतरों के बीचों बीच रखें।
3. कड़ाही में एक तार की चीनी की चाश्नी बनाएं तथा आंच से उतार लें।
4. इस चाश्नी को संतरों के ऊपर डाल लें तथा अलग रख दें।
5. 180^0 C तापमान पर 8–10 मिनट रखें तथा पुदीने से सजाएं फिर परोसें।

शक्कर (गुड़) आधारित मिठाइयां

फ्रूट उत्पम

सामग्री

चावल	– 40 ग्राम
उड़द की दाल	– 40 ग्राम
शहद	– 15 ग्राम
संतरा	– 1
अनानास	– 1 फांक
अनार	– आधा
गुड़	– 15 ग्राम
इलायची पाउडर	– 1 चाय का चम्मच
किशमिश	– 2

विधि

1. रात भर चावल तथा उड़द की दाल भिगो कर रखें। पानी में गुड़ घोल लें तथा अलग रख लें।
2. अगले दिन दाल तथा चावल दोनों इकट्ठे पीस लें तथा गुड़ में मिला लें।
3. सभी फलों को छोटे–छोटे टुकड़ों में काट लें तथा अनार के दाने अलग कर लें।
4. सभी फलों को शहद के साथ मिला लें।
5. नॉनस्टिक तवे पर चावल व दाल का मिश्रण फैला लें तथा पकाएं।
6. जब उत्पम बन जाए तो फ्रूट व शहद का मिश्रण ऊपर रखें। किशमिश तथा इलायची पाउडर से सजाकर परोसें।

गुड़ के पूड़े

सामग्री

कद्दू	– 250 ग्राम
गेहूं का आटा/मैदा	– 100 ग्राम
चुकन्दर	– 25 ग्राम
शक्कर (गुड़ की)	– 150–200 ग्राम
पानी	– आवश्यकतानुसार

विधि

1. छिला हुआ कद्दू तथा चुकन्दर प्रेशर कुक्कर में उबाल कर मुलायम कर लें।
2. निचोड़कर सब्जियों को अच्छी तरह धो लें।
3. आटे में सब्जियों को मिलाकर गूंथ लें।
4. छोटी लोहियां बनाकर पूरी के आकार में चपाती बना लें।
5. इन चपातियों को गर्म तवे पर सेंकें।
6. कड़ाही में शक्कर की चाश्नी बनाकर इसमें चपाती डुबो लें।
7. गर्म या ठंडी परोसें।

चिड़वा लड्डू

सामग्री

चिड़वा	– 25 ग्राम
गुड़	– 20 ग्राम
सौंफ	– 1 चाय का चम्मच
दालचीनी पाउडर	– ½ चाय का चम्मच

विधि

1. चिड़वे को अच्छी तरह धो लें।
2. गर्म कड़ाही में गुड़ घोल लें।
3. चिड़वा, सौंफ तथा दालचीनी पाउडर मिला दें तथा गाढ़ा होने तक पकाएं।
4. आंच से उतार लें। 2–3 मिनट बाद लड्डू बना लें।

खील के लड्डू

सामग्री

खील	– 30 ग्राम
गुड़	– 20 ग्राम
दालचीनी पाउडर	– ½ चाय का चम्मच

विधि

1. गर्म कड़ाही में गुड़ घोलें।
2. इसमें खील तथा दालचीनी डालें। मिश्रण गाढ़ा होने तक पकाएं।
3. आंच से उतार लें। थोड़ी देर बाद लड्डू बना लें।

गुड़ के चावल

सामग्री

शक्कर (गुड़ की)	– 1 कप
चावल	– 1 कप
सौंफ	– 1 चाय का चम्मच
इलायची	– 2–4
खजूर	– 10–12

विधि

1. एक घंटे तक चावल पानी में भिगोए रखें।
2. दो गिलास पानी में शक्कर घोलें तथा 2–3 मिनट तक पकाएं।
3. इस मिश्रण में सौंफ, इलायची तथा कुछ खूजर मिलाएं।
4. प्रेशर कूकर में 2 मिनट तक मिश्रण के साथ चावल पकाएं।
5. भाप निकाल कर चावल थाली में डाल लें।
6. किशमिश तथा खजूर डालकर गर्म–गर्म परोसें।

चने की दाल वाले मीठे चावल

सामग्री

चावल	– 1 कप
चना दाल	– 4 चम्मच
शक्कर	– आधा कप
पानी	– चावल का दुगुना

विधि

1. चावल साफ करके पानी में भिगाएं।
2. दाल धोकर थोड़े से पानी में पकाएं ताकि वह गल जाए।
3. आधे पानी में चावल पकाएं।
4. बचे हुए पानी में चाश्नी बनाएं।
5. दाल तथा चाश्नी को चावलों में मिलाकर कम आंच पर पकाएं, जब तक पानी सूख न जाए। गर्मा गर्म ही परोसें।

सत्तू के लड्डू

सामग्री

सत्तू	– 250 ग्राम
शक्कर (गुड़ की)	– 200 ग्राम
इलायची पाउडर	– 3–4

विधि

1. सत्तू कड़ाही में भूनकर अलग रख लें।
2. शक्कर कड़ाही में डालकर चलाते रहें।
3. जब शक्कर पिघलने लगे तो उसमें धीरे–धीरे सत्तू डालें तथा चलाते रहें। अब इलायची पाउडर इसमें मिलाएं।
4. आंच से उतारकर थोड़ी देर बाद लड्डू बना लें।

भुने चने की चिक्की

सामग्री

भुने चने	– 100 ग्राम (छिलका रहित)
शक्कर (गुड़ की)	– 250 ग्राम

विधि

1. चनों को हल्का सा गर्म कड़ाही में भून कर मोटा–मोटा पीस लें।
2. गर्म कड़ाही में शक्कर पिघला लें तथा चनों का चूरा इसमें डालकर अच्छी तरह मिला लें।
3. अब इस मिश्रण को प्लेट में फैला लें तथा ठंडा होने दें।
4. जमने के बाद मनचाहे आकार में काट लें।

मीठा टिकरा

सामग्री

उबले आलू	– 2–3
गेहूं का आटा	– 50 ग्राम
शक्कर	– 50 ग्राम
इलायची दाना	– 2 चाय के चम्मच
किशमिश	– 1–2 (कटी हुई)

विधि

1. डेढ़ कप पानी में शक्कर घोलें और इस मीठे पानी से आटे को गूंथ लें।
2. आलू कुचल लें, इसमें इलायची तथा किशमिश मिला लें।
3. आटे के पेड़े बनाकर उसे थोड़ा समतल करें।
4. इसमें आलू की पिट्ठी रखकर चपाती बना लें।
5. इन चपातियों को दोनों तरफ से सेंक लें।
6. गर्मा गर्म परोसें।

मीठा टिकरा

मुरमुरे के लड्डू

मुरमुरे के लड्डू

सामग्री

मुरमुरा	– 200 ग्राम
गुड़	– 200 ग्राम
पानी अगर जरूरत हो।	

विधि

1. गर्म कड़ाही में गुड़ एक तिहाई होने तक पिघलाएं।
2. इसमें मुरमुरा मिलाएं जब गाढ़ा हो जाए तो आंच से उतार लें। 2–3 मिनट तक रखें।
3. लड्डू बना कर फिर परोसें।

बनाना रेज़िन लोफ

सामग्री

गेहूं का आटा	– 2 कप
मैदा	– 2½ कप
शक्कर (गुड़ की)	– 1 कप
ब्राऊन शुगर	– 3/4 कप
पके हुए केले	– 4–5 मध्यम आकार के
किशमिश	– ¼ कप
बेकिन पाउडर	– 1½ चाय का चम्मच
मीठा सोडा	– 1½ चाय का चम्मच
दालचीनी पाउडर	– 2 चाय के चम्मच

विधि

1. शक्कर में आधा कप पानी डालकर चाश्नी बनाएं।
2. उबालने के बाद आंच से उतार कर ठंडा कर लें। फिर इसे ओवन में रख दें।
3. सभी समग्री को चाश्नी में डालकर चलाएं। केलों को थोड़े दूध में मैश कर लें। ज्यादा गर्म न करें तथा टीन में डाल लें।
4. तुरंत पहले से गर्म ओवन में एक घंटे तक या अधिक देर तक रखें। जब लोफ बन जाए तब इसे सीखचों पर रख लें तथा केन्द्र में रखें। निकालकर वायर–रैक पर ठंडा करें।

विविध

मिठाइयां

अंजीर की बर्फी

सामग्री

अंजीर	– 100 ग्राम
शहद	– 20 ग्राम
सपरेटा दूध	– 1 कप
रेजिन	– 3–4 (कटी हुई)
बटर पेपर	

विधि

1. दूध में रात भर अंजीर को भिगो कर रखें।
2. फिर दोनों अलग–अलग कर लें।
3. अंजीर का पेस्ट बना लें।
4. गर्म कड़ाही में दो चम्मच दूध डालकर, पेस्ट मिला लें तथा लगातार चलाते रहें।
5. 2–3 मिनट बाद बचा हुआ दूध डालें तथा गाढ़ा करें। ठंडा करके उसमें शहद मिलाएं।
6. बटर पेपर पर मिश्रण फैला दें और किशमिश से सजाएं।
7. 4–5 घंटे बाद बर्फी के आकार में काट लें तथा परोसें।

खजूर की बर्फी

सामग्री

खूजर	– 200 ग्राम
बटर पेपर	

विधि

1. खजूर के बीज निकालकर मिक्सी में चलाकर पेस्ट बना लें।
2. बटर पेपर पर फैलाकर बर्फी के आकार में काट लें। फिर परोसें।

पके केले

सामग्री

केले	– 4
नींबू का रस	– 4 चम्मच
शहद	– 3 चम्मच
डबल रोटी (टुकड़े)	– 3 चम्मच
बूरा चीनी	– 2 चम्मच
संतरे का जूस	– 3 चम्मच

विधि

1. केलों के छिलके उतारकर बेकिंग डिश में एक--एक करके व्यवस्थित करें।
2. इस पर शहद डालें।
3. डबल रोटी के टुकड़ों में बूरा तथा नींबू का रस मिलाएं।
4. अब इस डबल रोटी के मिश्रण को केलों पर छिड़कें।
5. 200^0 C पर 20–30 मिनट पकाएं, फिर संतरे के जूस के साथ परोसें।

फ्रूट सलाद

सामग्री

सेब	– 2 मध्यम (छिलके समेत)
संतरे	– 2 (कटे हुए)
केले	– 2 (फांकें)
हरे अंगूर	– 4 चम्मच
नाशपाती	– 1 (फांक)
अदरक का शर्बत	– ½ बोतल
शहतूत	– 6

विधि

1. कटोरे में सभी फल मिला दें।
2. इनके ऊपर अदरक का शरबत डालें।
3. एक घंटे तक फ्रीज़र में ठंडा करें फिर परोसें।

गन्ने के रस की खीर

सामग्री

गन्ने का रस	– 500 मिली लीटर
उबले चावल	– 100 ग्राम (मसले हुए)
दूध	– 2–3 चाय के चम्मच
इलायची पाउडर	– 2 चाय के चम्मच

विधि

1. गन्ने के रस में 2–3 बूंदें दूध डालकर साफ करें। जब मैल इकट्ठा होना शुरू हो जाए तो छलनी से निकाल दें।
2. इसे उबले हुए चावलों में मिला दें तथा 5–10 मिनट तक पकाएं।
3. इलायची पाउडर बुरक कर ठंडा या गर्म परोसें।

खजूरी मिष्ठान

सामग्री

खजूर	– 150 ग्राम
दही	– 250 मिली लीटर

विधि

1. खजूर के बीज निकाल लें।
2. दही को महीन कपड़े में बांध कर 15–20 मिनट तक लटकाएं ताकि उसका सारा पानी निकल जाए।
3. खजूर को थोड़ी देर पकाएं ताकि वे मुलायम हो जाएं।
4. खजूर का गूदा तथा दही आपस में अच्छी तरह मिला लें।
5. कटोरे में डालकर फ्रिज में ठंडा कर लें।
6. इसे ठंडा ही परोसें।

सेब का मीठा दही

सामग्री

सेब	– 1
चीनी	– 10–15 ग्राम
दही	– 250 ग्राम
केसर	– 1–2 पंखुड़ी

विधि

1. सेब का छिलका उतार कर बीज निकाल लें। इसके टुकड़े कर लें।
2. चीनी की चाश्नी बना लें तथा इसमें सेब डाल दें।
3. दही को महीन कपड़े में बांधकर पानी निकाल लें।
4. अब दही तथा सेब को आपस में अच्छी तरह मिलाएं।
5. इस मिश्रण को फ्रिज में रखें तथा केसर से सजाकर परोसें।

चीकू योगर्ट

सामग्री

चीकू	– 2
दही	– 250 मिली लीटर
चीनी	– 10 ग्राम

विधि

1. चीकू का छिलका उतार कर बीज निकाल लें। फिर इसे टुकड़ों में काट लें।
2. चाश्नी बनाकर इसमें चीकू डाल दें।
3. दही को महीन कपड़े में बांध लें ताकि उसका पानी निकल जाए।
4. दही तथा चीकू को अच्छी तरह मिला लें।
5. इस मिश्रण को फ्रिज में जमने के लिए रखें।

शक्कर दही

सामग्री

दही	– 250 मिली लीटर
शक्कर	– 50 ग्राम

विधि

1. दही महीन कपड़े में बांध लें। 15–20 मिनट तक लटकाएं ताकि उसका पानी निकल सकें।
2. शक्कर पिघलाकर दही में मिलाएं।
3. अच्छी तरह मिलाकर फ्रिज में रखें।
4. ठंडा परोसें।

मिष्टी केला

सामग्री

केला	– 1
शहद	– 1 चाय का चम्मच
इलायची पाउडर	– 1 चाय का चम्मच
दही	– 250 ग्राम

विधि

1. केला छील लें तथा उसे टुकड़ों में काट लें।
2. इसमें शहद तथा इलायची मिलाएं।
3. दही महीन कपड़े में बांधकर पानी निकाल दें।
4. मिश्रण को दही के साथ अच्छी तरह मिला दें।
5. फ्रिज में जमने के लिए रखें और ठंडा–ठंडा परोसें।

खुमानी पाक

सामग्री

खुमानी	– 250 ग्राम
सेब	– 1 (छोटे टुकड़े काटें)
संतर	– 1 (छोटे टुकड़े काटें)
मीठा लेमन	– 1
नींबू का रस	– 1

विधि

1. खुमानी धोकर, बीज निकाल लें।
2. मुलायम करने के लिए खुमानी पकाएं।
3. इसे अन्य फलों के साथ मिलाएं।
4. फ्रिज में ठंडा करके परोसें।

पीच मेल्बा

सामग्री

आड़ू	– 4 पके, बीज निकाले हुए टुकड़े करके चीनी के पानी में भिगोए हुए।
वनीला आईस्क्रीम	– 4 कप
रसभरी (रस्पवेरी)	– 2 कप
चीनी	– 2 चम्मच

विधि

1. रसभरी तथा चीनी को कम आंच पर चार मिनट तक पकाएं ताकि फल मुलायम हो जाएं। इसे छानकर प्यूरी बना लें तथा ठंडा करें।
2. चार कटोरियों में आइसक्रीम बांट दें। दो आधे आड़ू हर कटोरी में डाल दें। तथा प्यूरी को बराबर–बराबर डाल दें। ठंडा परोसें।

मीठा

पेय

समर लाइम

सामग्री

अनार का जूस	– 2 चम्मच
लेमन जूस	– 2 चम्मच
बर्फ के टुकड़े	
नींबू का रस	

विधि

1. अनार तथा लेमन जूस गिलास में डालें।
2. नींबू का रस शर्बत में डालें, ऊपर से बर्फ डाल कर तुरंत परोसें।

चुलबुली लीची

सामग्री

लीची स्क्वैश	– 150 मिली लीटर
सोडा वाटर	– ½ बोतल
लेमन जूस	– 3 चम्मच
बर्फ के टुकड़े	
चेरी	– थोड़ी सी
पुदीना	– थोड़ा सा

विधि

1. सभी सामग्री को एक गिलास में मिला लें।
2. ऊपर से बर्फ डालें।
3. चेरी व पुदीने से सजाएं। परोसें।

एक्ज़ोटिका

सामग्री

अनानास रस	– 150 मिली लीटर
अदरक का शर्बत	– 150 मिली लीटर
सोडा वाटर	– 150 मिली लीटर
जमी हुई स्ट्राबेरी	– 100 ग्राम
लेमन जूस	– 80 मिली लीटर

विधि

1. अदरक का शर्बत, अनानास का रस तथा सोडा वाटर मिलाएं।
2. स्ट्राबेरी काटकर तथा लेमन जूस मिलाएं।
3. बड़े लम्बे गिलास में ठंडा करें।
4. स्ट्र डालकर परोसें।

मैंगो स्मूदी

सामग्री

आम	– 1 (छीला तथा कटा हुआ)
सपरेटा दूध	– 150 मिली लीटर
शहद	– 2 चम्मच
वनीला आइसक्रीम	– 250 मिली लीटर (घर की सपरेटा दूध से बनी)

विधि

1. आम, दूध तथा शहद को अच्छी तरह मिलाएं।
2. आइसक्रीम डालकर मिलाएं।
3. तुरंत परोसें।

नारियल शहद डेलिकेसी

सामग्री

आम	– 1 (छीला तथा कटा हुआ)
नारियल पानी	– 125 मिली लीटर
लेमन जूस	– 20 मिली लीटर
शहद	– 10 मिली लीटर
वनीला अर्क	– कुछ बूंदें
बर्फ का चूरा	– 150 ग्राम
पुदीना	– थोड़ा सा

विधि

1. सभी सामग्री को मिक्सी में 30 सेकंड तक मिलाएं।
2. बड़े गिलास में डालकर बर्फ डालें।
3. पुदीना डालकर परोसें।

संडे डिवाइन

सामग्री

पपीता	– ½
केला	– 1 फांक
चीनी	– 125 ग्राम
संतरा जूस	– 125 मिली लीटर
लेमन जूस	– 60 मिली लीटर
पानी	– 500 मिली लीटर
सोडा वाटर	– 1 बोतल
स्ट्रॉबेरी	– 5
संतरा	– ½ (छोटे–छोटे टुकड़ों में)
पुदीना तथा बर्फ	

विधि

1. पपीता तथा केले को अच्छी तरह ब्लैंड कर लें।
2. चीनी की चाश्नी बनाएं।
3. तुरंत संतरा तथा लेमन जूस मिलाएं।
4. इसमें पपीता तथा केले की प्यूरी मिलाएं। जरूरत के मुताबिक ठंडा करें।
5. परोसने के लिए सोडा वाटर तथा बर्फ डालें।
6. पुदीना, संतरे की फांक तथा स्ट्राबेरी से सजाएं।

अनानास दूध शेक

सामग्री

अनानास जूस	– ½ कप
सपरेटा दूध	– 1½ कप
चीनी	– स्वादानुसार
लाल रंग	– कुछ बूंदें
बर्फ के टुकड़े	

विधि

1. मिश्रण को जूसर में चलाएं।
2. रंग मिलाएं।
3. बर्फ के टुकड़े बड़े गिलास में डालें।
4. तुरंत परोसें।

मेलन एप्पल पंच

सामग्री

तरबूज	– 500 ग्राम (छीला हुआ, बीज निकाला हुआ तथा टुकड़े किया हुआ)
अनानास रस	– 100 मिली लीटर
लाइम जूस	– 80 मिली लीटर
चीनी	– स्वादानुसार
नींबू	– आधा कटा हुआ

विधि

1. तरबूज को प्रोसेस कर लें और छलनी में छान लें।
2. अनानास रस तथा लाइम जूस मिलाएं।
3. इसमें चीनी स्वाद के अनुसार डालें।
4. फ्रिजर में ठंडा कर लें और नींबू से सजाकर परोसें।

मेलन एप्पल पंच

पाइन एप्पल लाइट

पाइन एप्पल लाइट

सामग्री

बड़ा अनानास	– 1

विधि

1. अनानास छीलें तथा टुकड़ों में काट लें।
2. प्रोसेसर में मुलायम कर लें।
3. छलनी में छानकर गूदा तथा अर्क निकाल लें।
4. जार में रखें तथा कुछ देर के लिए फ्रिज में रख दें।

साटिन शीन

सामग्री

अनानास जूस	– 60 मिली लीटर
संतरा जूस	– 100 मिली लीटर
आडू	– 2 फांकें
बर्फ के टुकड़े	

विधि

1. सभी सामग्री को जूसर में कुछ सेकंड तक चलाएं।
2. बड़े गिलास में डाल कर बर्फ डालें।
3. तुरंत परोसें।

स्ट्रॉबेरी आकर्षण

सामग्री

स्ट्रॉबेरी	– 150 ग्राम
सपरेटा दूध	– 200 मिली लीटर
योगर्ट	– 50 ग्राम
शहद	– 2 चम्मच
जायफल	– ¼ चाय का चम्मच
बर्फ के टुकड़े	

विधि

1. सभी सामग्री को ब्लेंडर में मिलाएं। गाढ़ा होने तक ब्लेंड करें।
2. बड़े गिलास में डालकर बर्फ डालें।
3. तुरंत परोसें।

रिफ्रेशिंग डिऊ ड्रॉप

सामग्री

संतरे का स्क्वैश	– 10 मिली लीटर
लेमन स्क्वैश	– 15 मिली लीटर
अनानास स्क्वैश	– 10 मिली लीटर
चीनी	– एक छोटा चम्मच
पानी	– ½ कप
पुदीना	– कुछ
सोडा वाटर	

विधि

1. चीनी, संतरा, लेमन, अनानास स्क्वैश मिलाएं।
2. बड़े लंबे गिलास में डालकर, बर्फ तथा सोडा मिलाएं।
3. पुदीना ऊपर से डालकर परोसें।

सायलेंट मेडो सिप

सामग्री

खस–खस सिरप	– 1 छोटा चम्मच
संतरा जूस	– 2 छोटे चम्मच
लेमन जूस	– 2 छोटे चम्मच
केस्टर शुगर	– 1 छोटा चम्मच
केवड़ा अर्क	– कुछ बूंदें
सोडा वाटर	– ½ बोतल
बर्फ के टुकड़े	
लेमन रिंड	– 1

विधि

1. एक बड़े गिलास में सभी सामग्री डाल दें। फिर बर्फ के टुकड़े डालें।
2. परोसने के समय, सोडे से गिलास भरें तथा अच्छी तरह मिलाएं।
3. ठंडा परोसें।

रिदम डिवाइन

सामग्री

सेब	– 75 ग्राम (छिला हुआ तथा फांके की हुई)
हरे अंगूर	– 25 ग्राम (टुकड़े किए हुए)
आइस्क्रीम	– 1 बड़ा चम्मच
अनानास स्क्वैश	– स्वादानुसार

विधि

1. एक बड़े गिलास में एक बड़ा चम्मच आइसक्रीम डालें। ऊपर से सीरप डालें।
2. कटे हुए फल मिलाएं तथा अनानास स्क्वैश से गिलास भर दें।
3. 30 मिनट तक फ्रिजर में रखकर परोसें।

www.ingramcontent.com/pod-product-compliance
Lightning Source LLC
LaVergne TN
LVHW060447051026
849518LV00002B/656
* 9 7 8 8 1 2 8 8 0 2 6 5 2 *